W0364692

MASCHA KAUKA

FREUDE AM GRILLEN

Köstliches von der Glut und aus dem Ofen

Weltbild

Impressum

© 1997 by Weltbild Verlag GmbH, Augsburg

2. Auflage 1998

Konzeption und Redaktion:
Mascha Kauka, Moosburg

Dipl. oec. troph. Andrea Brenner,
Ingeborg Pils

© 1997 Fotos und Rezepte:
Hans Döring, München und
RV-Officin M. Pohl Verlag GmbH & Co,
Moosburg, Foto S.31 Károly Hemzö,
Budapest

Umschlaggestaltung und Layout:
H.S. Medien GmbH, Helma Strobel,
Starnberg

Lithoarbeiten:
Kaltner Media GmbH, Bobingen

Druck und Bindearbeit:
Appl, Wemding

Printed in Germany

ISBN 3-89604-241-6

MASCHA KAUKA

FREUDE AM GRILLEN

Köstliches von der Glut und aus dem Ofen

Weltbild

Inhalts-verzeichnis

Vorwort

Als das Feuer vom Himmel fiel, war es für die Steinzeitfrau aus mit der Gemütlichkeit. Statt der schnellen Kalten Küche galt es nun als „in“, mehr oder weniger lang über dem Feuer zu brutzeln. Damit sind Grillen, Räuchern und Braten die ältesten Garmethoden, der Anfang aller Kochtechnik.

Jahrtausende hindurch und überall auf der Welt wurden die Speisen am offenen Feuer zubereitet. Auch wenn wir das heute kaum mehr praktizieren, das vertraute Gefühl, die beruhigende Gewißheit, etwas Wichtiges und Richtiges zu tun, stecken noch in uns. Und da es fast allen so geht, wird es beim Grillen niemals an Freunden und Gästen fehlen.

Am schönsten ist und bleibt es, dem Urerlebnis möglichst nahezukommen: ein offenes Feuer oder glühende Holzkohle in einer ausgehobenen Grube, zwischen großen Steinen, im Sand oder im Kies, am besten an einem lauschigen Ufer. Wenn es dafür in Ihrem Bekanntenkreis kein Plätzchen gibt, fragen Sie die Gemeindeverwaltung – es ist oft mehr erlaubt, als man meint.

Und dann laden Sie ein zu „Spieß und Spaß am Lagerfeuer“, wobei gute Vorbereitung und schönes Wetter wichtiger sind als kulinarische Höhepunkte. Es müssen auch nicht das ganze Spanferkel und die kiloschweren Steaks sein. Grillwürstchen, auf einen grünen Ast gespießt, freuen jeden, besonders Kinder.

Seien Sie nicht traurig, wenn sich die Wildwestromantik nicht gleich umsetzen läßt! Das Grillgerät auf der Terrasse ist von der Feuerstelle der Neandertalerin nicht zu weit entfernt, und ein Motor nimmt das mühsame Drehen des Bratspießes mit der Hand ab. Außerdem sind die Gewürze, die Sie verwenden, und die leckeren Beilagen jahrtausendemal köstlicher als damals.

Das mitteleuropäische Wetter und die Vorliebe für Gegrilltes haben uns erfinderisch gemacht. In Backöfen und in Mikrowellengeräten kann rund ums Jahr hervorragend gegrillt werden, und die Grillpfanne findet berechtigten Einsatz im Winterdienst. Darüber hinaus kommen unendlich viele Geräte für das „In-door-Grillen“ auf den Markt.

Aber machen wir uns nichts vor! Wir lieben das Grillen, weil es urig ist. Wir mögen den Duft, die Atmosphäre, das lockere Beisammensein, das gemeinsame Brutzeln ohne besondere Anstrengung. Alles Hochstilisierte an Geräten, Rezepten wie Präsentation hat da nichts zu suchen. Grillen ist nicht der kulinarischen Weisheit letzter Schluß, sondern ein Freizeitspaß, eine angenehme Möglichkeit, in geselliger Runde für das leibliche Wohl zu sorgen. In diesem Sinn wurden die vorliegenden Empfehlungen und Rezepte ausgewählt, und in diesem Sinn wünschen wir: „Viel Freude am Grillen!“

Grillgeräte für Haus und Garten

Die gute Alufolie, extra dick, ist auch beim Grillen das beste Stück. Sie kann zu einer flachen Form mit Rand gebogen werden, so daß nichts ausläuft. Sie ist für viele Grillgerichte die ideale Unterlage.

Fische bekommen häufig ein Gemüsebett und geben außerdem beim Grillen Saft ab. In einer feuerfesten Form sind die appetitlich aufgehoben und können gleich darin serviert werden.

Mit dem Drehspieß macht das Grillen Spaß! Fleisch und Geflügel werden in kurzer Zeit rundherum knusprig gegart und bleiben innen saftig. Die untergestellte Fettpfanne wird mit Alulfolie ausgelegt.

Geräte für das Grillen im Haus

In Haushalten werden vorwiegend Geräte mit Strahlungshitze verwendet. Dies ist nicht so urig wie das Grillen am offenen Feuer, aber es hat seine Vorteile: Grillen ist das ganze Jahr über, unabhängig vom Wetter, möglich, es macht weniger Arbeit, und das Ergebnis ist sicherer.

Bei dieser Form des Grillens geschieht dasselbe wie beim Grillen über Holzkohle: Die Strahlungshitze läßt das Eiweiß in den äußeren Schichten gerinnen. Es bildet sich eine schützende Kruste, die Saft, Aroma und Nährstoffe einschließt.

Zeitgemäße Backöfen und Mikrowellengeräte sind ohne Grillvorrichtung nicht mehr denkbar. Die Hitze von oben bringt sogar Vorteile. Die Zubereitung ist für das Grillgut schonender, weil kein Fett auf die Hitzequelle tropfen und dort verbrennen kann. Wer zusätzlich Alufolie verwendet, ist auf der „sauberen Seite" und spart Zeit. Die Alufolie wirkt wie ein Reflektor der Strahlungshitze von oben, wodurch das Garen beschleunigt wird. Bei Geräten mit mehreren Grillstufen sollte man immer sehr intensiv beginnen und dann eventuell zurückschalten (z. B. für zarte Fische).

Verwenden Sie als Unterlage ein gefettetes Backblech oder die Fettpfanne, aber nur, wenn das Grillgut beim Garen wenig Saft abgibt.

Wir haben die Rezepte für Sie gekennzeichnet: ein roter Handschuh bedeutet „Grillen im Haus", ein grüner „Grillen im Freien". Viele Gerichte eignen sich für draußen und drinnen. Sie sind mit beiden Handschuhen markiert.

Neben Backofen und Mikrowellengerät gibt es für die Küche außerdem:

Tischgrillgeräte

Sie werden in verschiedenen Ausführungen und Größen im Handel angeboten und sind mit Drehspieß, Fettpfanne, Rost und meist mit einer Zeitschaltuhr ausgestattet, die das Gerät nach Ende der Grillzeit selbsttätig ausschaltet.

Elektrotischgrill

Hier macht das Wasserbad ein fast rauchfreies Grillen direkt am Tisch möglich. Der Elektrogrill hat eine emaillierte Schale, die mit Wasser gefüllt wird. Der Wasserdampf sorgt dafür, daß Fisch und Fleisch auf dem Grillrost zart und saftig bleiben.

Kontaktgrillgeräte

Das Grillgut wird zwischen zwei verschiebbare Heizflächen eingeklemmt, man braucht es nicht zu wenden. Dabei sind die Garzeiten etwas kürzer als beim Strahlungsgrill.

Für drinnen und draußen geeignet ist der elektrische Party-Grill mit Alu-Guß- oder Ceran-Glaskeramik-Grillfläche, der sich wie ein Servierwagen überall hinfahren läßt. Beim Grillen entstehen keine Schadstoffe, und das Gargut verliert weniger Gewicht.

Geräte für das Grillen im Freien

Unabhängig von den unterschiedlichen Formen, Größen und Ausführungen, bestehen alle Geräte zum Grillen im Freien im wesentlichen aus zwei Teilen, einem Teil für die Glut oder einer anderen Hitzequelle und einem Rost und/oder Drehspieß für das Grillgut. Neben dem Holzkohle- und dem Lavasteingrill sind inzwischen Geräte auf dem Markt, die mit Gas Keramiksteine oder eine porzellanisierte Grillplatte oder einen Grillrost beheizen. Die umwelt- und nachbarfreundlichen Geräte bieten viel Platz für das Gargut und ermöglichen rauchfreies Grillen.

Grillen ist nicht nur zeitsparendes und schonendes Kochen. Nichts hebt an lauen Sommertagen unsere Stimmung mehr als der verheißungsvolle Duft gewürzter Grilladen.

Doch ganz ohne Regeln geht es auch beim Grillen nicht. Deshalb einige Tips und Anregungen für den Umgang mit dem Feuer.

Vor dem Grillen

Perfekte Vorbeitung macht den Grillmeister. Vermeiden Sie Streß und unnötiges Suchen und legen Sie sich rechtzeitig wichtige Utensilien bereit:

✓ ausreichend Holzkohle oder Holzkohlenbriketts, Trockenanzünder oder Zündgel. Niemals flüssige Zündhilfen!

✓ genügend Alufolie zum Auslegen des Grills oder Einwickeln von Kartoffeln und Gemüse,

✓ einen Schürhaken und Blasebalg,

✓ einen Pinsel mit Naturborsten, um das Grillgut mit Öl oder Marinade zu bestreichen,

✓Grillbesteck mit Grillgabel, -zange und Wendeschaufel,

✓ein Tranchierbrett mit Saftrinne,

✓ein scharfes Messer oder ein Tranchierbesteck,

✓Handschuhe oder Topflappen und

✓eine Schürze, denn Fettspritzer lassen sich beim Grillen kaum vermeiden.

Voraussetzung für ein erfolgreiches Gelingen ist die ausreichende Hitze am Grill. Wenn Sie mit Holzkohle grillen, warten Sie, bis die Holzkohlestückchen mit einer feinen, weißen Ascheschicht überzogen sind, dann hat die Glut die richtige Temperatur. Als Faustregel gilt: Wenn Sie es mit Ihrer Hand 15 cm über der Glut nicht länger als 2 Sekunden lang aushalten können, dann ist die Glut richtig.

Halten Sie genügend Abstand zwischen Glut und Grillrost und legen Sie das Gargut erst auf, wenn der Rost ausreichend heiß ist. Er muß vorher mit Öl bestrichen werden, damit nichts anklebt.

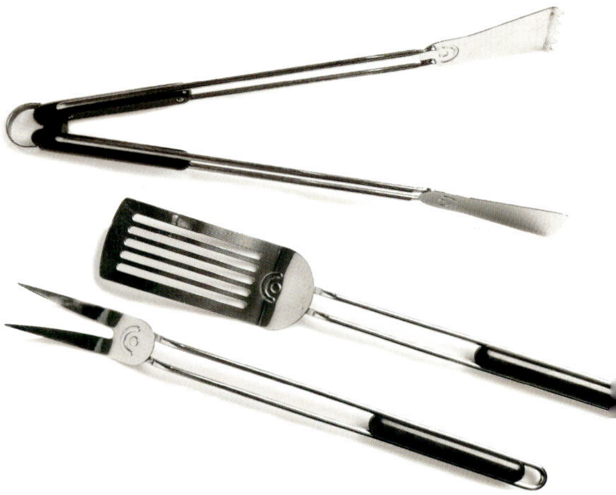

Genuß ohne Reue

Beim Grillen wird das Fleisch durch die Strahlungshitze direkt gegart. Das hat aus ernährungswissenschaftlicher Sicht einen wesentlichen Vorteil: Durch die direkte Hitzestrahlung schließen sich die Poren sofort, das Fleisch behält neben seinem charakteristischen Aroma seine wertvollen Nährstoffe. Das sind vor allem Eiweiß, lebenswichtige Vitamine und Mineralstoffe.

Weil das Grillen obendrein eine fettarme Zubereitung ist, sind die Gerichte besonders gut bekömmlich, auch der schlanken Linie.

Ein Wermutstropfen fällt allerdings auf die heiße Glut: Unter bestimmten Bedingungen entwickeln sich beim Grillen schädliche Stoffe.

Vermeiden Sie deshalb, auf Holzkohle- und Lavagrills fettes Fleisch und fette Würste zu legen, weil sich das in die Glut tropfende Fett zersetzt und Benzpyrene bildet, die mit dem Rauch aufsteigen und sich am Fleisch absetzen.

Außerdem sollten generell keine gepökelten Fleisch- und Wurstwaren wie Kasseler, gekochter Schinken, Wiener Würstchen oder gebackener Fleischkäse gegrillt werden.

Das Nitrit des Pökelsalzes verbindet sich bei den hohen Gartemperaturen mit dem Eiweiß des Fleisches zu sogenannten Nitrosaminen, die wie die Benzpyrene gesundheitsschädlich sein können. Kaufen Sie deshalb spezielle Grillwürste sowie grobe und feine Bratwürste ohne Pökelsalz.

So gelingt's noch besser

Ob Fleisch, Geflügel oder Innereien, vor dem Grillen sollte man alles sauber parieren, das heißt Sehnen, Häutchen, Fett und kleine Unregelmäßigkeiten abschneiden. Stücke, die gleichzeitig gegrillt werden, sollten möglichst gleich groß sein.

Alles Grillgut muß sorgfältig trockengetupft werden, ehe es mit Öl oder einer anderen Grillmarinade bestrichen wird.

Steaks und Koteletts niemals klopfen!

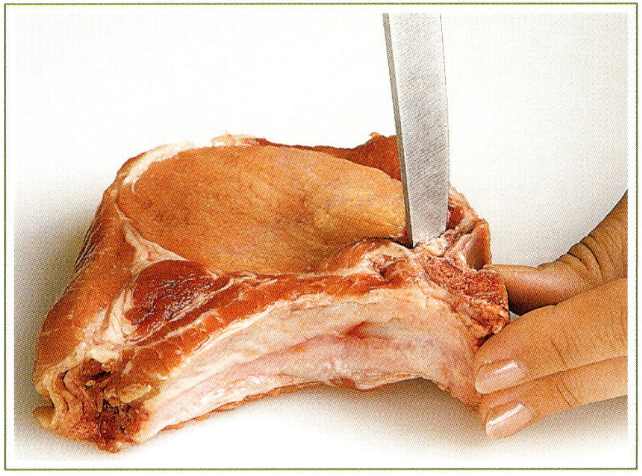

Bei dicken Koteletts macht man einen kleinen Einschnitt am Knochen entlang, damit das Fleisch auch hier durchbrät und nicht zu blutig bleibt.

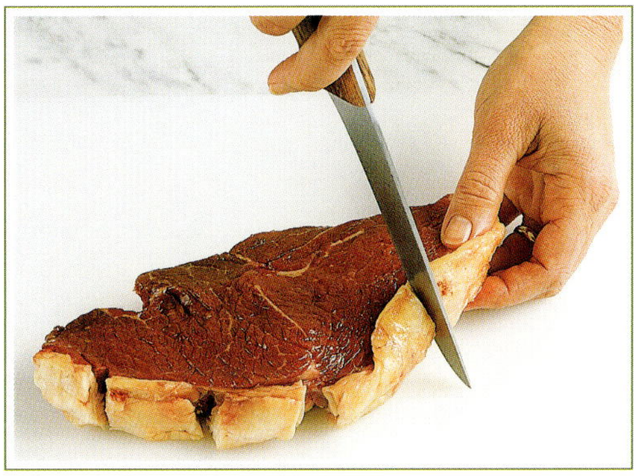

Die Fettschicht an Koteletts und Steaks mit einem scharfen Messer mehrmals sorgfältig einschneiden, sonst wellt sich das Fleisch beim Grillen. Aus Schlankheitsgründen kann man das Fett wegschneiden, aber erst nach dem Grillen, sonst verliert das Fleisch an Saft und Aroma.

Filetsteaks, z. B. hohe Tournedos, werden bardiert, d. h. mit fettem oder durchwachsenem Speck umwickelt und mit Küchengarn gebunden. Man kann sie auch mit einem halben Zahnstocher zustecken. Der Speck schützt mageres Fleisch vor dem Austrocknen und hält es schön in Form.

Zum Grillen geeignete Fleischstücke

Rind
Scheiben/Steaks von: Roastbeef (Entrecôte double), Hüfte, Lende/Filet (Chateaubriand), Oberschale, Kluft

Kalb
Scheiben von: Oberschale und Unterschale (Frikandeau), Kugel, Hüfte, Filet (ganz oder als Steaks), Rücken (Kotelett), Haxe

Geeignete Innereien:
Leber, Niere, Herz, Bries, Hirn

Schwein
Schnitzel von: Oberschale, Unterschale, Hüfte, Kugel, Lende, Filet; Koteletts von: Rücken, Nacken/Kamm und Bauch (falsches Kotelett). Hinteres Eisbein (Grillhaxe)

Geeignete Innereien:
Leber, Nieren, Herz

Lamm
Scheiben aus dem Kamm, Rücken (Kotelett), aus der Keule (1–2 cm dick)

Geeignete Innereien:
Leber, Nieren, Bries, Herz, Hoden

Tip

Da Schweinenetz nicht immer beim Metzger zu haben ist, lohnt es sich, einen Vorrat einzufrieren: Große Stücke Schweinenetz auf Alufolie ausbreiten und samt der Folie aufrollen. Nicht länger als 3 Monate im Tiefkühlgerät lagern. Nach dem Auftauen in kaltes Wasser legen.

Geschützt im Schweinenetz

Dieses Netz ist eine Fettmembrane aus dem Bauchfell von Schlachttieren. In der Küche wird hauptsächlich das Netz von Schwein und Lamm verwendet. Schweinenetz ist frisch und gepökelt erhältlich. Zum Grillen sollten Sie bei Ihrem Metzger frisches Schweinenetz vorbestellen. Es haftet von selbst und wird einfach um das Fleischstück gewickelt. Da es sehr dünn ist, schmilzt es so stark, daß es sich mit der Oberfläche der Grilladen teilweise verbindet. Das Schweinenetz wird nach dem Grillen meist nicht entfernt, sondern mitgegessen.

Um das Schweinenetz schön ausbreiten und eventuell mit der Küchenschere schneiden zu können, legt man es vor der Verarbeitung etwa 30 Minuten in kaltes Wasser.

Alle Grillspieße, hier z. B. mit zartem Bries und Kalbsnierenstücken, oder aber mit Geflügelinnereien werden am sichersten und geschmacklich besonders fein im Schweinenetz gegrillt. Vorher würzen!

Das Netz hält aufgerollte Fleischscheiben in Form und verhindert das Austreten der Füllung. Außerdem schützt das Schweinenetz alle zarten Fleischsorten wie Lamm, Zicklein, Kaninchen, Geflügelbrüste und Innereien.

Praktisch ist das Schweinenetz zum Umwickeln von Frikadellen oder Gemüsespießen, deren Zutaten auf dem Grill leicht platzen.

Kleingehacktes, groß im Trend

Wie das Hackfleisch bezeichnet wird, ist regional sehr unterschiedlich. Spricht der Fleischer von Gehacktem, Gewiegtem, Durchgedrehtem oder möglicherweise auch von Geschabtem oder Schabefleisch, so befinden Sie sich eher in nördlichen Regionen. Verkauft er dagegen gemischtes Hack, sind Sie eher im Süden, denn die Mischung aus halb Schwein und halb Rind ist in Süddeutschland besonders beliebt.

Unter welchem Namen Ihnen das so vielseitige rohe Fleisch auch geläufig ist, in seiner Herstellung gibt es keinen Unterschied. Denn heute wird das Fleisch beim Metzger mit dem Fleischwolf zerkleinert.

Der Metzger hat Hackfleisch in der Regel nur von Schwein und Rind vorrätig. Wer gehacktes Kalb-, Lamm-, Wild- oder Geflügelfleisch möchte, muß es vorbestellen oder selbst zum Hackbeil bzw. zum Fleischwolf greifen.

Hoffentlich können Sie diese Erfahrung recht bald machen, denn wer erst einmal selbst Fleisch zerkleinert und zubereitet hat, wird nur noch in Notfällen fertiges Hackfleisch kaufen. Der Unterschied in Geschmack und Saftigkeit ist enorm!

Fleisch grob parieren, d. h. von Häuten und Sehnen befreien und in Streifen schneiden.

Entweder mit zwei sehr scharfen, schweren Messern oder mit Beilen kreuz und quer hacken.

Zum Durchdrehen durch den Fleischwolf können Sie unterschiedlich feine Scheiben einsetzen.

Gleich verarbeiten!

Was für den Metzger gilt, sollten Sie zu Hause ebenfalls beherzigen: Verarbeiten Sie Hackfleisch am besten am Tag des Einkaufs bzw. der Herstellung.

Hier ist Vornehmheit falsch am Platz: Hackfleischteig muß von Hand gemischt und durchgeknetet werden!

Ob Cevapcici-Würstchen, kleiner Klops oder große Frikadelle, mit nassen Händen läßt sich der Fleischteig gut formen.

Frikadellen nur bei mittlerer Hitze grillen und erst wenden, wenn eine Seite braun ist.

1)

2)

3)

4)

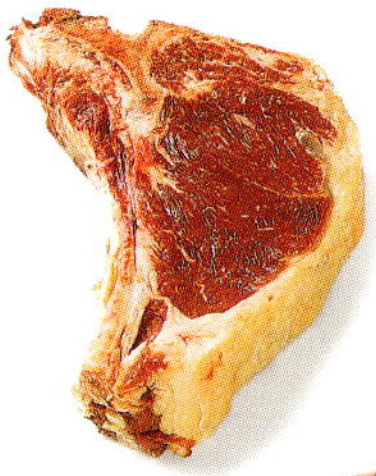

5)

1) Sirloin Steak (hier ohne "Schwanz")

2) Porterhousesteak: ist eine Scheibe Roastbeef mit Knochen, Filet und einem Streifen Dünnung. Gewicht ca. 1kg.

3) T-bone Steak: ist etwas kleiner als das Porterhousesteak und häufig ohne „Schwanz“ Es hat seinen Namen von der typischen Knochenform.

4) Club Steak: ist ein dickes Rump Steak am Knochen ohne Filet.

5) Rib Steak (Rippensteak): wird aus der Hochrippe geschnitten, ist mit Fett durchwachsen und reicht meist für 2 bis 3 Personen.

Steaks – mal mit, mal ohne Knochen

Kopf ab, Schwanz ab und den Rest in Scheiben – so zerteilen Amerikaner das Rind, um ihre berühmten Steaks zu erhalten.

Diese Cuts (Schnittarten) sehen völlig anders aus als nach deutscher Art zerteilt. Amerikanische Steaks haben Knochen und Fettrand, obwohl man natürlich auch dort Filetsteaks (Tenderloin) bekommt.

An den Rippen bleibt zu beiden Seiten alles Fleisch plus Fettrand und im hinteren Teil auch noch etwas von der Dünnung. Die Steaks (z. B. Sirloin, Porterhouse) verjüngen sich nach unten in einen Fleischstreifen, den sogenannten Schwanz. Deutsche Metzger entfernen diesen „Schwanz“ häufig.

Die größten Steaks überhaupt, die Round Steaks aus der Keule, haben in der Mitte eine Scheibe Markknochen. Round Steaks werden hierzulande auch auf Vorbestellung nicht gern verkauft, weil sie das traditionelle Schnittmuster für die restliche Keule verderben.

Was bei uns die Hüfte ist, heißt in Amerika Rump. Dann beginnen von hinten nach vorne die wirklich interessanten Steaks, die man auf Vorbestellung auch hier erhält: Sirloin, Porterhouse, T-bone, Club Steak (am vorderen Ende des Roastbeefs), Rib Steak (Prime Rib, Rib Eye oder Delmonico), je nachdem, aus welchem Teil geschnitten, mehr oder weniger fett.

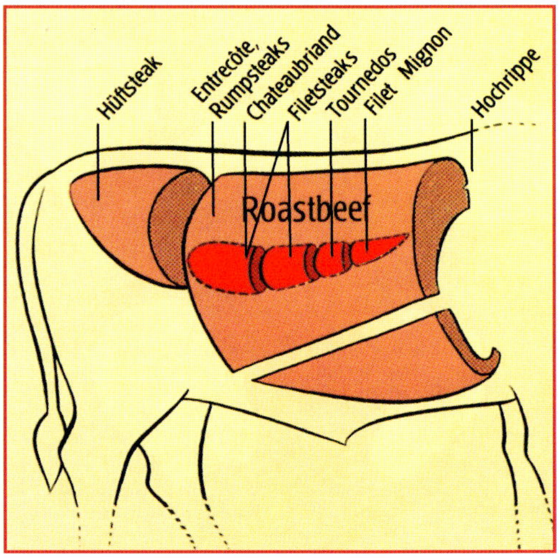

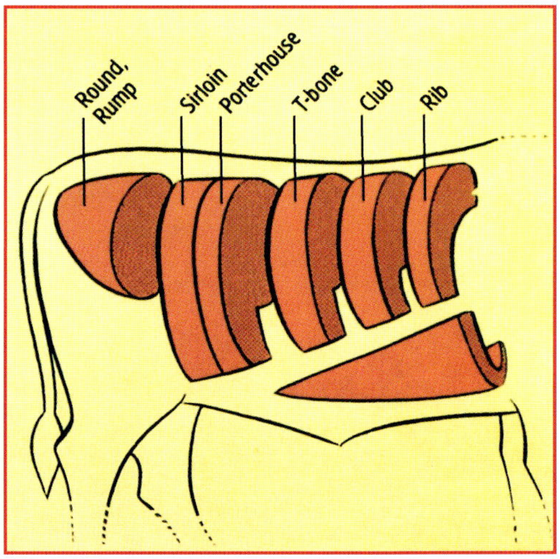

Auf den Schnitt kommt es an

Schnittart in Deutschland, Österreich und der Schweiz

Hier haben Steaks keine Knochen, weil die beliebtesten Teile Filet und Roastbeef sind, die ohne Knochen ausgelöst werden. Dahinter liegt die Hüfte, aus der ebenfalls Steaks ohne Knochen geschnitten werden, und selbst die preiswerten Hochrippenscheiben bieten deutsche Metzger bereits ausgelöst an.

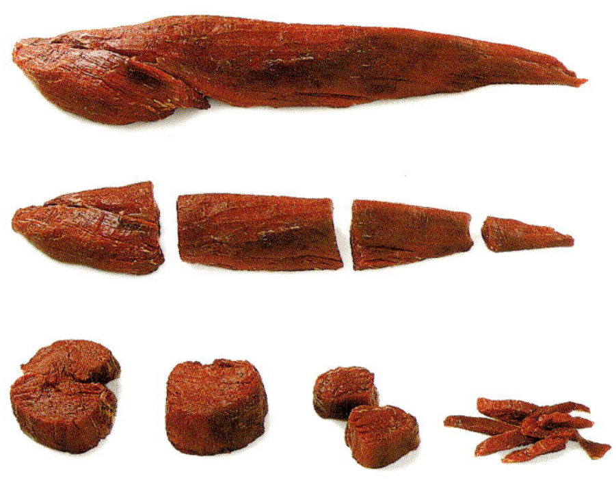

*Das Edelste vom Edlen ist das Filet, das wie folgt zerlegt wird:
von links nach rechts: Filetkopf, Filetmittelstück, Filetstück für Tournedos, Filetspitze.*

Schuld daran sind Gewohnheit und das bodenständige Schnittmuster für ein Rind.

Aus dem Kopf wird das Chateaubriand geschnitten (doppeltes Filet von 500 g am Stück), oder man schneidet daraus mehrere Filetsteaks. Auch aus der Filetmitte kann man Chateaubriand schneiden oder einzelne Steaks. Etwas weiter vorn wird das Filet schon dünner, es liefert die beliebten Tournedos, 4–5 cm hoch. Aus der Filetspitze schneidet man kleine, runde Filets Mignon. Das dünne Ende wird geschnetzelt (Filetspitzen, Bœuf Stroganoff).

Steaks aus dem Rücken

Von der Hüfte bis zur Hochrippe haben Steaks einen Fettrand, der möglichst hell sein sollte. Das Fleisch ist weniger zart als Filet, aber schmackhafter und darf leicht mit Fett marmoriert sein. Aus der Keule (Kluft) und aus der Hüfte (Huft, Blume, Rose) werden 3–4 cm dicke Steaks geschnitten, die 250–300 g wiegen. Scheiben aus dem hinteren Teil des Roastbeefs heißen Rumpsteak. Doppelt dick geschnitten heißen sie Entrecôte und wiegen bis zu 500 g.

Vor dem Roastbeef liegt die Hochrippe, die preiswerte Scheiben zum Grillen liefert.

Einkauf

Kaufen Sie Steaks nur bei einem Metzger Ihres Vertrauens. So appetitlich leuchtendrotes Fleisch aussehen mag, Steaks müssen etwa 14 Tage abgehangen sein und haben dann einen stumpfen, dunkelroten Ton. Hellrotes Fleisch ist zu frisch und würde in der Pfanne zusammenschrumpfen.

Garstufen

Beim Grillen dringt die Hitze von außen in das Steak ein und verändert dabei die Eiweißstruktur des Fleisches – sichtbar an Farbe und Feuchtigkeitsgehalt.

Wichtig ist die Stärke des Steaks. Ein Filetsteak sollte mindestens 3 cm hoch sein sein, besser 4–5 cm, ein Rumpsteak nicht dünner als 2 cm.

Garprobe: Da Grilltemperaturen stark schwanken, ist der Drucktest mit den Fingern besser als die reine Zeitkontrolle: Rohes Fleisch ist weich, bei zunehmendem Garen wird es fester und elastischer. Ein medium gegrilltes Steak läßt sich wie ein Gummiball drücken, die Delle kommt zurück.

Die Bezeichnungen für die Garstufen, auch auf Englisch und Französisch:

(1) Blau, roh, raw, bleu: pro Seite 1 Minute scharf anrösten und noch je 1 Minute weitergrillen.

(2) Rot, blutig, rare, saignant: pro Seite 1 Minute scharf anrösten und noch je 2 Minuten weitergrillen.

(3) Rosa, halb durchgebraten, medium, à point: pro Seite 1 Minute scharf anrösten und noch 3–4 Minuten weitergrillen.

(4) Durchgebraten, well done, bien cuit: pro Seite 1 Minute scharf anrösten und noch je 6 Minuten weitergrillen.

Steaks nach allen Garzeiten außer der ersten (blau) vor dem Anschneiden ruhen lassen.

Rumpsteaks brauchen bei gleicher Stärke pro Garstufe 1–2 Minuten länger. Steaks mit Knochen, z. B. T-bone-Steaks, brauchen fast doppelt so lange wie ein Filetsteak.

Nichts geht über frischen Fisch

Fische ausnehmen

Am Beispiel einer Meeräsche wird gezeigt, wie ein frischer, nicht ausgenommener Fisch küchenfertig vorbereitet wird. Am häufigsten nimmt man ihn nur aus. Für manche Zubereitungsarten wird auch der Kopf abgeschnitten.

Meistens werden als erstes die Flossen und mögliche Stacheln entfernt. Den Fisch am Schwanzende festhalten und mit der Schere in Richtung Kopf schneiden. Dabei stellen sich die Flossen von selbst auf.

Viele Fische werden geschuppt. Den Fisch am Schwanz festhalten und mit einem Fischschupper oder der stumpfen Seite eines Messers zum Kopf hin schaben. Das macht man am besten im Spülbecken unter Wasser, weil die Schuppen umherfliegen.

Die einzelnen Kiemenblättchen müssen klar und deutlich zu erkennen sein. Je nach Fischart sind sie leuchtend rot bis kräftig dunkelrot.

Aus Fischen, die man im ganzen gart, werden die Kiemen herausgeschnitten. Mit einer Schere die Kiemen an den Ansatzstellen abschneiden und herausziehen.

Die Bauchhöhle mit einem kleinen, spitzen Messer von der Afteröffnung zum Kopf hin vorsichtig aufschneiden. Dabei das Messer möglichst flach führen.

Bei manchen Fischen kann man bis zu den Kiemen durchschneiden, bei anderen, die vor dem Kopf fester sind, braucht man eine Schere.

Beim Aufschneiden eines frischen Fisches zeichnen sich Schwimmblase und Innereien scharf ab. Die Eingeweide dürfen einen deutlichen, aber keinen unangenehmen Geruch haben.

Den Darm an der Afteröffnung mit den Fingern lösen und samt den Eingeweiden in Kopfrichtung herausziehen. Vorsicht, daß die schwarzgrüne bis dunkelbraune Galle nicht platzt. Sie hängt deutlich sichtbar an der Leber. Die Gallenflüssigkeit kann den Fisch ungenießbar machen. Falls etwas passiert, den Fisch sofort und gründlich auswaschen.

Am Rücken verläuft unter einer dünnen Haut die schlauchartige, dunkelrote Niere. Sie wird herausgeschabt, wozu der Daumennagel genügt. Danach den Fisch gründlich auswaschen.

Fische mit mehr als 500 g sollten am Rücken 2–3mal eingeschnitten werden, damit sie gleichmäßig garen.

Es gibt Grillkörbe und Klappgitter in Fischform, in denen Ihre Leckerbissen bestens aufgehoben sind. Sie lassen sich leicht heben und können beim Wenden nicht zerfallen. Die Grillkörbe gut fetten oder Antihaftgitter kaufen.

Küchenfertig zum Grillen

Diese Fische sind je nach Sorte geschuppt, ausgenommen, ohne Kiemen, gründlich gewaschen und innen und außen wieder getrocknet. Häufig wird empfohlen, alle Flossen abzuschneiden, weil sie ebenso wie die Schuppen beim Grillen verbrennen. Hübscher anzusehen ist aber eine leicht angekokelte Flosse als ein völlig flossenloser Fisch. Sie können das halten, wie Sie möchten.

Marinieren und Würzen

Grillen macht Spaß, und Gegrilltes schmeckt gut – wenn es ordentlich gewürzt ist, d. h. kräftig, der Vehemenz dieser Garmethode angepaßt. Da der Grillvorgang nicht geeignet ist, die Speisen viel Aroma aufnehmen zu lassen, wird vorher mariniert, während des Grillens würzig bestrichen und das Ergebnis mit einer pikanten Sauce gereicht.

Viele Rezepte empfehlen, das Grillgut (hauptsächlich Fleisch, Innereien, Geflügel und Fisch) vor dem Grillen zu marinieren. Dies kann je nach Rezept von 1/2 Stunde bis zu 1 Tag in Anspruch nehmen. Also rechtzeitig mit der Vorbereitung beginnen, damit die Marinade Zeit hat, ihre schmackhafte Wirkung zu entfalten.

Beliebt sind flüssige Marinaden aus Öl und Zitronensaft oder Wein. Die Gewürze und Kräuter müssen dabei auf die Art des Grillguts abgestimmt sein. Man legt die Stük-ke in eine weite, flache Schale, in eine Form oder in die Saftpfanne des Backofens, über-gießt mit der angerührten Marinade, bedeckt das Gefäß mit Folie und läßt es je nach Re-zept mehrere Stunden oder über Nacht ziehen. Vor dem Grillen werden die Stücke aus der Marinade gehoben und trockengetupft.

Achtung: Alle Beizen und Marinaden sollten salzlos sein. Das Gargut wird erst direkt vor dem Grillen mit Salz gewürzt.

Praktisch ist auch die Trockenbeize: Ein ganzes Stück Fleisch oder Portionsstücke wie Koteletts oder Steaks werden mit Öl eingerieben. Dann wird eine zur Fleischart passende Würzmischung aus gestoßenen Würzkörnern und Kräutern in das Fleisch einmassiert.

Das Fleischstück bzw. die aufeinandergestapelten Scheiben eng in umweltfreundliche Klarsichtfolie einwickeln und mehrere Stunden oder über Nacht im Kühlschrank ruhen lassen. Vor dem Grillen werden die Gewürze großzügig abgestreift. Wurden frische Kräuter verwendet, muß man sie ganz entfernen. Sie würden beim Grillen nur verbrennen und bitter schmecken.

Vorsicht mit allen Marinaden, die Zucker, Honig oder Marmelade enthalten! Der Zukker karamelisiert und verkohlt. Außerdem kleben solche Marinaden für alle Ewigkeit am Grillrost. Verwenden Sie diese Marinaden nur im Backofen oder bestreichen Sie die Grilladen erst damit, wenn sie fast fertig sind.

Grillöl

Grillgut braucht eine schützende Fettschicht, d. h. fast alles wird mit Öl eingestrichen. Was liegt da näher, als dieses Öl mit würzenden Zutaten zu vermischen? Es gibt zwar fertiges Grillöl zu kaufen, doch man kann es mühelos auf Vorrat selbst herstellen. Kräuter wie Thymian und Rosmarin und Gewürze wie Knoblauch und Chilischoten sind in Öl besonders gut aufgehoben, denn die Würze geht in das Öl über und kann sich damit nicht verflüchtigen.

Wie erkennt man frischen Fisch?

Allgemeines Aussehen
frisch: glänzend, metallisch schimmernd
alt: schwach in den Farben, matt, ohne Lichtreflexe

Schuppen
frisch: glänzend, fest haftend
alt: leicht zu lösen

Haut
frisch: Die Farben strahlen, sie ist fest gespannt und haftet gut am Fleisch.
alt: farblos, schlaff bis faltig, leicht zu verletzen

Augen
frisch: absolut klar und glänzend, leicht durchsichtig, etwas hervorstehend
alt: matt bis milchig, undurchsichtig, häufig eingesunken

Kiemen
frisch: einheitlich rot, feucht glänzend
alt: fleckig, gräulich, verschleimt oder trocken

Allgemeiner Geruch
frisch: nur schwach wahrnehmbar, angenehm
alt: „typischer Fischgeruch“, unangenehm stark

Marinade für Fisch, Muscheln und Schalentiere

einfach, braucht Zeit
4 Portionen

- 2 Frühlingszwiebeln
- 2 Knoblauchzehen
- 1 TL frisch geriebene Ingwerwurzel oder Ingwerpulver
- 3 EL Sojasauce
- 3 EL Sesamöl
- 4 EL Fischsauce
- 2 EL roter Weinessig
- 1/2 TL Chinagewürz
- 1/2 TL frisch gemahlener schwarzer Pfeffer

Zwiebeln und Knoblauchzehen abziehen und sehr fein hacken. Beides in einer Schüssel mit dem Ingwer vermengen.

Anschließend Sojasauce, Sesamöl, Fischsauce sowie Weinessig zufügen und gut verrühren.

Die Sauce mit den Gewürzen abschmekken und zugedeckt im Kühlschrank 1 Stunde ziehen lassen.

Nährwerte pro Portion
Kilokalorien 112, Kilojoule 465, Eiweiß/g 2, Kohlenhydrate/g 2, Fett/g 9, Ballaststoffe/g 0,9

Grillmarinade

einfach, Blitzrezept
4 Portionen

- 2 Knoblauchzehen
- 1 Schalotte
- 6 EL Öl
- 3 EL Tomatenketchup
- 1 TL Majoran
- 1 TL Kräuter der Provence
- 1 TL Thymian
- 1 TL Paprikapulver, edelsüß
- 1 EL grüner Pfeffer
- 1 Messerspitze Cayennepfeffer
- Salz

Die Knoblauchzehen und die Schalotte abziehen und fein hacken.

Das Öl mit allen Gewürzen, dem Knoblauch und der Schalotte gründlich verrühren und das Grillgut (z. B. Koteletts, Steaks oder Schnitzel) einige Stunden darin marinieren.

Während des Grillens das Fleisch mehrmals mit der Marinade bestreichen.

Nährwerte pro Portion
Kilokalorien 180, Kilojoule 770, Eiweiß/g 0, Kohlenhydrate/g 4, Fett/g 18, Ballaststoffe/g 0,3

Knoblauchöl

2 Wochen ziehen lassen

einfach, braucht Zeit

für 1 Liter Öl

- 8 Knoblauchzehen
- 1 frische rote Pfefferschote
- 1 frische grüne Pfefferschote
- 1 rote Paprikaschote
- 1 l Sonnenblumenöl

Die Knoblauchzehen abziehen.

Die Pfefferschoten und die Paprikaschote waschen, die Paprikaschote halbieren und entkernen. Pfefferschoten in Ringe, Paprika in Streifen schneiden. Alles in eine Glasflasche geben und mit dem Sonnenblumenöl aufgießen. Die Flasche verschließen und das Öl 2 Wochen durchziehen lassen.

Das Knoblauchöl abseihen und anschliessend wieder in die Flasche gießen.

Nährwerte insgesamt
Kilokalorien 9350, Kilojoule 39140, Eiweiß/g 4, Kohlenhydrate/g 14, Fett/g 0, Ballaststoffe/g 3,3

Grillsauce für Fleisch und Geflügel

Sauce einige Tage im voraus zubereiten

einfach, braucht Zeit zum Einfrieren

Für eine große Grillparty eignet sich diese Sauce hervorragend. Das Grillgut je nach Garzeit vorher oder gegen Ende rundherum einstreichen. Der Honig in der Sauce karamelisiert leicht. Die Sauce schmeckt auch als Beilage. In einem Schraubglas im Kühlschrank aufbewahrt, hält sie sich viele Wochen.

- 200 g Tomatenmark
- 150 g Tomatenketchup
- 50 g scharfer Senf
- 250 g heller Honig
- 5 TL provenzalische Kräutermischung
- 1 TL Sambal Oelek
- 1 TL Salz
- frisch gemahlener schwarzer Pfeffer
- 1 EL Essig
- 1 EL Sojasauce
- 4 Knoblauchzehen
- 1/4 l Öl
- 2 EL Kapern

Tomatenmark, -ketchup und Senf in einer Schüssel mischen und den Honig nach und nach einrühren. Die Kräutermischung, Sambal Oelek, Salz, Pfeffer, Essig und Sojasauce unterrühren.

Den Knoblauch abziehen und fein hakken oder durch die Presse drücken, zur Sauce geben.

Dann das Öl nach und nach gründlich unterziehen. Die Kapern grob hacken, zur Sauce geben und abschmecken.

Nährwerte insgesamt
Kilokalorien 3540, Kilojoule 9999, Eiweiß/g 14, Kohlenhydrate/g 271, Fett/g 259, Ballaststoffe/g 9,6

Kräuter-Pfeffer-Öl

2 Wochen ziehen lassen

einfach, braucht Zeit

für 1 Liter Öl

- 1 großer Stengel Salbei
- 1 großer Stengel Zitronenmelisse
- 1 EL schwarze Pfefferkörner
- 1 EL weiße Pfefferkörner
- 1 l Maiskeimöl

Salbei und Zitronenmelisse waschen und trockentupfen. Die Pfefferkörner leicht quetschen und mit den Kräutern in eine Glasflasche geben.

Das Maiskeimöl angießen, die Flasche verschließen und das Öl 2 Wochen durchziehen lassen.

Das Kräuteröl abseihen und wieder in die Flasche gießen.

Nährwerte insgesamt
Kilokalorien 9270, Kilojoule 38820, Eiweiß/g 0, Kohlenhydrate/g 0, Fett/g 998, Ballaststoffe/g 0

Rund um die Glut

Grillspaß am Lagerfeuer

Hähnchen am Lagerfeuer

Am Vorabend marinieren

einfach, braucht Zeit
16 Portionen

- 8 Vierkantstangen, 12 mm stark, 1,5–2 m lang
- 32 hölzerne Schaschlikspieße, 30 cm lang
- Draht

- „Grillsauce für Fleisch und Geflügel", einfache Menge, Rezept Seite 17
- 8 Brathähnchen, küchenfertig

Am Vorabend die Grillsauce zubereiten. Die Brathähnchen am Rückgrat entlang aufschneiden, waschen und mit Küchenpapier trockentupfen. Beim Trocknen die Hähnchen flachdrücken und eventuell am Hals noch etwas einschneiden, damit sie sich ganz öffnen. Die Hähnchen mit der Grillsauce einreiben und in einer Wanne stapeln. Mit Klarsichtfolie abdecken und über Nacht an einem kühlen Ort ruhen lassen.

Zum Garen der Hähnchen braucht man ein rundes Lagerfeuer von mindestens 1 m Durchmesser mit starker Glut und Flammen.

Die Vierkantstangen an einem Ende zuspitzen. Zum Aufspießen der Hähnchen die Löcher vorbohren: mit einem spitzen Messer auf beiden Seiten zwischen Keule und Brust einstechen. Die Stangenspitze von der Hautseite auf die Rückseite und wieder zur Hautseite durch die Löcher stecken. Das Hähnchen ans stumpfe Stangenende schieben und Flügel und Keulen mit vier Schaschlikspießen im Quadrat spannen: erst von Flügel zu Flügel und Keule zu Keule, dann einen Spieß jeweils vom Flügel zur Keule stecken und dabei über die querlaufende Stange führen. Das hört sich schwieriger an, als es ist. Nach dem ersten Hähnchen als Muster können sich alle an dem Aufspannen beteiligen.

Die Stange direkt unterhalb des Hähnchens mit einem scharfen Messer einkerben und ein Stück Draht mehrfach um die Stange wickeln, damit das Hähnchen nicht abrutschen kann. Je nach Bodenbeschaffenheit rund um das Lagerfeuer 8 Löcher für die Stangen vorbohren. Das geht gut mit einem spitzen Stock und einem Hammer. Die Löcher müssen diagonal in den Boden laufen.

Die Stangen mit den Hähnchen in die Löcher stecken und drehen, bis sie fest halten und die Hähnchen mitten über dem Lagerfeuer stehen. Je nach Stärke des Feuers sollten die Hähnchen 80 cm bis 1 m von der Glut entfernt sein. Es macht auch nichts, wenn sie noch höher stehen, das Garen dauert nur länger. Die Hähnchen etwa 1 1/2 Stunden rösten, dabei mehrmals wenden und vor dem Servieren an der dicksten Stelle zur Garprobe einstechen: Der austretende Fleischsaft muß ganz klar sein.

Nährwerte pro Portion
Kilokalorien 670, Kilojoule 2800, Eiweiß/g 73, Kohlenhydrate/g 35, Fett/g 17, Ballaststoffe/g 0

Kalb nach Gaucho-Art

In den weiten Ebenen Südamerikas sind Klima und Boden für Ackerbau wenig geeignet. Auch das Gras ist von minderer Qualität, zum Ausgleich gibt es unendliche Weidegründe. Eine Herde von 100 Rindern braucht 500 Hektar. Solche weiten Landstriche können nicht eingezäunt werden, und deshalb ist hier das Land der Gauchos, der südamerikanischen Cowboys. Sie bewachen die Herden und treiben sie zum Markt.

Die Arbeit ist hart, und in einer Gegend ohne Obst und Gemüse müssen die Gauchos Rinder schlachten, um täglich mit Nahrung versorgt zu sein.

Eine Gruppe von Männern bereitet das Fleisch vor, andere die Feuerstelle oder die Äste für die Spieße und den Grillbock.

Das Fleisch, bevorzugt von Kälbern, wird in lange Streifen geschnitten, die mit großen und kleinen Spießen gespannt werden. Sehr magere Fleischteile und die Innereien werden in fetteres Fleisch oder in das Bauchfett gewickelt. So bleibt alles zart und saftig, und das Fett verstärkt das Aroma. Natürlich braucht man für ein ganzes Kalb mindestens 2 qm Glut. Dafür ist aber Platz in der Pampa, und das große Feuer röstet nicht nur das Abendessen, sondern schützt auch vor Raubtieren.

Am beliebtesten sind Fleisch und Innereien von einem etwa einjährigen Kalb. Auch Gauchos bevorzugen dabei die Spareribs, den Rücken und die Filets. Alle zarten Teile in die Bauchlappen wickeln, auf einen gefetten Spieß stecken und mit Draht festzurren (siehe Abbildung, Mitte). Die reinen Fleischstreifen auf große Spieße stecken und mit kleineren Spießen spannen. Zum Würzen wird alles in Bier gebadet und mit Salz bestreut.

Während des Grillens immer wieder mit Bier besprengen. Die Fleischspieße in den Boden rammen und an den Grillbock aus dicken Ästen lehnen. Sie sollen leicht über die Glut geneigt sein, dürfen aber nicht mit Flammen in Berührung kommen. Diese Garmethode braucht viel Zeit, auch die zartesten Stücke sind nicht vor 2 Stunden fertig.

Das gegarte Kalbfleisch in Streifen vom Spieß schneiden. Aus dem gewickelten Innereienspieß den Stock herausziehen, den Draht entfernen und die Rolle portionieren.

Tip

Kurz vor Ende der Garzeit Wacholder- oder Rosmarinzweige auf die Glut legen, um die Fische in dem aromatischen Rauch zu würzen.

Steckerlfische

einfach, braucht Zeit
8 Portionen

- 1 Graben, 150 x 50 cm
- Holz oder Holzkohle
- 8 Steckerl = Vierkanthölzer, 1 cm stark, 1 m lang

- 8 Forellen, Renken oder kleine Makrelen, à 400 g
- Salz
- Öl

Den Graben 10–15 cm tief ausheben. Wenn das im Rasen geschieht, gleichmäßige Schollen abstechen und als Wall mit der Grasseite nach unten an den Grabenrand legen. So kann der Rasen später, gut gewässert, auf die gelöschte Glut gesetzt werden, und die Grasfläche schließt sich wieder. Ob Sie Holz verbrennen, um die richtige Glut zu erhalten, oder Holzkohle verwenden, bleibt Ihnen überlassen. Die Steckerl müssen an einem Ende angespitzt werden.

Die küchenfertigen Fische gründlich waschen, innen und außen trockentupfen und salzen. Mit der Steckerlspitze in das Maul durch den Fisch hindurch und vor dem Schwanz wieder hinaus stechen. Den Fisch ans stumpfe Ende schieben und das Steckerl mit der Spitze so in den Boden stecken, daß der Fisch in 30–40 cm Höhe über der Glut steht. Auf diese Art alle Fische, abwechselnd von links und rechts, über die Glut stecken. Die Fische leicht mit Öl bestreichen und je nach Hitze gut 1 Stunde garen. In dieser Zeit die Steckerl mit den Fischen mehrfach drehen. Vor dem Servieren zur Garprobe an der Rückenflosse ziehen: Sie muß sich ohne Widerstand lösen.

Zu den Steckerlfischen frische Butter oder Kräuterbutter reichen. Dazu passen Folienkartoffeln, die man gleich in der Glut mitgaren kann.

Nährwerte pro Portion
Kilokalorien 310, Kilojoule 1300, Eiweiß/g 49, Kohlenhydrate/g 13, Fett/g 0, Ballaststoffe/g 0

Räucherfisch

Die Fische lediglich ausnehmen, gut waschen und salzen. Aromatische Zweige werden sowohl in den Bauch gelegt als auch auf die Glut, damit der Qualm gleichzeitig räuchert und würzt.

Kleine Fische bis zu 500 g brauchen 2–3 Stunden.

Der große Barsch im Bild wog 1,2 kg und brauchte 5 Stunden, um gut durchgegart zu sein.

Indianer und Trapper haben keinen schicken Grill zur Hand. Sie schneiden sich das Räuchergestell vom nächsten Baum. Frische grüne Zweige fangen nicht so leicht Feuer. Sie werden entlaubt und auf einen Rahmen gelegt, der in Astgabeln ruht. Die Glut soll heiß sein, darf aber keinesfalls lichterloh brennen. Wenn das Feuer zu stark ist, eine dünne Schicht Erde, mit Asche vermischt darüber verteilen. In etwa 80 cm Abstand zur Glut liegen die Fische auf dem Rost und werden heiß geräuchert.

Spanferkel am Spieß

einfach, braucht Zeit
15–20 Portionen

- 1 Spanferkel, ca. 14 kg, küchenfertig vorbereitet
- 4 EL Salz
- 2 EL schwarzer Pfeffer
- 1 EL Beifuß
- 1 EL Majoran
- 1 EL gemahlener Kümmel
- 1 EL gemahlener Koriander
- 2 Bund Suppengrün
- 3 große Zwiebeln
- Öl zum Bestreichen
- 1/2 l dunkles Bier

Das Spanferkel innen und außen mit einem nassen Tuch abreiben. Das Salz mit den anderen Gewürzen mischen und das Spanferkel innen und außen damit einreiben.

Das Suppengrün waschen, die Zwiebeln abziehen und halbieren. Suppengrün und Zwiebeln in die Bauchhöhle legen und die Öffnung mit Küchengarn schließen.

Das Spanferkel auf den Grillspieß stecken: Dazu den Grillspieß zwischen den Hinterbeinen einstechen und so an der Wirbelsäule entlangfahren, daß der Spieß in der Schnauze wieder austritt. Die Vorderbeine nach vorn, Richtung Kopf, ziehen und mit Draht am Spieß festmachen. Die Hinterbeine nach hinten ziehen, fest an den Spieß drücken und ebenfalls mit Draht befestigen. Die Spanferkelohren, Füße und den Ringelschwanz mit Alufolie umwickeln.

Den Spieß in die Drehvorrichtung des Grills stecken, das Spanferkel mit Öl bestreichen und über mittlerer Holzkohlenglut 4–5 Stunden grillen. Während dieser Zeit immer wieder mit Öl bestreichen.

30 Minuten vor Ende der Garzeit die Alufolie von den Spanferkelteilen entfernen und das Ferkel mit dunklem Bier bestreichen. Die Fleischtemperatur mit einem Fleischthermometer prüfen. Zeigt das Thermometer im dicksten Teil des Hinterschinkens 75°C an, ist das Fleisch gut durchgebraten.

Das Spanferkel vom Grill heben, auf ein großes Brett legen und den Spieß herausziehen. Vor dem Tranchieren 10 Minuten ruhen lassen. Dann zunächst Schultern und Keulen abtrennen und in Scheiben schneiden, anschließend das Rückenfleisch auslösen und portionieren.

Nährwerte pro Portion
Kilokalorien 740, Kilojoule 3100, Eiweiß/g 43, Kohlenhydrate/g 62, Fett/g 2, Ballaststoffe/g 1

Am Lagerfeuer kann man ein Steak vertilgen, wie man möchte. Wird es aber hübsch angerichtet, zum Beispiel mit Brunnenkresse und Remouladensauce, dann sollte man es auch nach den Regeln der Kunst aufschneiden: Das Filet im ganzen auslösen, eventuell vorzeitig, weil es schneller gart als das restliche Steak. Das Roastbeef mit einem spitzen, sehr scharfen Messer vom Knochen trennen, mit der flachen Gabel halten, ohne hineinzustechen, und schräg in gleichmäßige Scheiben schneiden. Dabei ist es gleichgültig, ob Sie den Fettrand beim Tranchieren entfernen oder das jeden Gast auf dem Teller selbst erledigen lassen.

Amerikanische Steaks vom Grill

Mehrere Stunden oder über Nacht marinieren

einfach, braucht Zeit
12 Portionen

- 4 T-bone-Steaks à 600 g
- 4 Porterhousesteaks à 800 g
- 8 Knoblauchzehen
- 2 EL Barbecue-Gewürz
- 200 ml Öl
- grobes Meersalz

Den Rand der Steaks links und rechts vom Knochen und in der Fettschicht mehrfach einkerben, damit sie sich beim Grillen nicht wölben.

Die Knoblauchzehen abziehen und in Stifte schneiden. Knoblauch mit Barbecue-Gewürz und Öl verrühren. Die Marinade in die Steaks einmassieren und die Steaks in einer großen Schüssel gestapelt zudecken. Einige Stunden oder über Nacht ruhen lassen.

Einen großen Rost mit Öl bestreichen und über die Glut des Lagerfeuers setzen. Die Steaks bei guter Mittelhitze auf beiden Seiten grillen. Sie brauchen insgesamt mindestens 10 Minuten, dann sind sie innen noch rosa. Die Grillzeit hängt sehr von der Hitze der Glut ab. Zum Überprüfen der Garstufe das Fleisch anstechen oder ein Steak anschneiden. Solche Rindersteaks sollten möglichst nicht durchgegart werden.

Kurz vor Ende die Steaks mit grobem Salz bestreuen und noch einmal wenden.

Zu den Steaks schmecken Maiskolben, die mit Öl bestrichen gleich mitgeröstet werden.

Nährwerte pro Portion
Kilokalorien 810, Kilojoule 3400, Eiweiß/g 79, Kohlenhydrate/g 56, Fett/g 0, Ballaststoffe/g 0

Ziege, auf dem Rost gegrillt

einfach, braucht Zeit
6 Portionen

- 1/2 Ziegenkitz, längs gespalten, ca. 3,5 kg
- Salz
- frisch gemahlener Pfeffer
- 4 Knoblauchzehen
- 200 g Frühstücksspeck am Stück
- 10 Zweige Rosmarin
- Öl zum Bestreichen

Die Ziege mit einem nassen Tuch abwischen und kräftig mit Salz und Pfeffer einreiben.

Die Knoblauchzehen abziehen und in Stifte schneiden. Den Frühstücksspeck quer in dünne Streifen schneiden. 2 Rosmarinzweige in kleine Büschel zerteilen. Die Ziegenhaut mit einem kleinen, spitzen Messer einstechen und Knoblauch, Speck und Rosmarin abwechselnd darunterschieben.

Die gespickte Ziege mit Öl bestreichen und auf einem Rost über mittlerer Hitze etwa 1 Stunde grillen. Während dieser Zeit alle 15 Minuten umdrehen. Aus den restlichen Rosmarinzweigen einen Buschen an einen Stock binden und mit diesem "Pinsel" die Ziege immer wieder mit Öl bestreichen. Nach 50 Minuten eine Garprobe machen. Dazu mit einem Holzspieß in ein dickeres Fleischteil stechen. Die Ziege ist gar, wenn kein Fleischsaft mehr austritt.

Die Ziege vom Rost heben und vor dem Tranchieren etwa 10 Minuten ruhen lassen. Dann in Portionsstücke schneiden und sofort servieren.

Dazu passen halbierte, gefettete Kartoffeln und in Folie gewickelte Zwiebeln, die in den letzen 30 Minuten mitgrillen.

Nährwerte pro Portion
Kilokalorien 670, Kilojoule 2800, Eiweiß/g 73, Kohlenhydrate/g 35, Fett/g 17, Ballaststoffe/g 0

e: Herzhaftes vom Grill

Überkrustete Filetsteaks

einfach, zum Einfrieren
4 Portionen

- 4 kleine, hohe Filetsteaks vom Rind à 120 g
- 4 kleine, hohe Filetsteaks vom Kalb à 80 g
- 4 hohe Filetsteaks vom Schwein à 60 g
- 12 dünne Scheiben Frühstücksspeck
- Öl
- Salz
- grob gemahlener schwarzer Pfeffer
- 4 große Markknochen
- 1/2 Bund glatte Petersilie
- 1 Kästchen Kresse
- 1 TL getrockneter Thymian
- 4 EL Semmelbrösel
- 4 Strauchtomaten

Die Steaks parieren (Häutchen und Fett wegschneiden). Jedes Steak mit einer Speckscheibe umwickeln und mit einem halben Zahnstocher feststecken. Die Steaks mit etwas Öl bestreichen, schwach salzen und grob gemahlenen Pfeffer in die Schnittflächen drücken.

Eine gefettete Grillpfanne stark erhitzen und die Steaks auf beiden Seiten je 2 Minuten braten. Dann herausheben und auf Küchenpapier abtropfen lassen.

Das Knochenmark auslösen und hacken. Die Petersilie waschen, trockenschütteln und die Blättchen fein hacken. Die Hälfte der Kresse ohne Stiele abschneiden. Das Mark mit allen Kräutern und den Semmelbröseln vermischen. Die Tomaten waschen, trocknen und oben über Kreuz einschneiden.

Den Infragrill im Backofen vorheizen. Ein Backblech mit Alufolie auslegen und die Steaks und Tomaten daraufsetzen. Die Kräutermischung über die Steaks verteilen und leicht andrücken, den Rest in die Tomaten drücken. Das Blech auf die zweite Schiene von oben unter den Grill schieben und so lange gratinieren, bis das Mark zu schmelzen beginnt und die Kräuterkruste goldbraun wird.

Steaks und Grilltomaten portionsweise auf vorgewärmten Tellern anrichten, mit der restlichen Kresse garnieren und Remouladensauce dazu reichen.

Nährwerte pro Portion
Kilokalorien 790, Kilojoule 3300, Eiweiß/g 57, Kohlenhydrate/g 59, Fett/g 9, Ballaststoffe/g 1

Entrecôte double vom Grill

einfach, Blitzrezept
4 Portionen

- 2 Entrecôtes à 400 g
- 1 EL scharfer Senf
- 1 TL getrocknete provenzalische Kräuter
- Salz
- grob gestoßener schwarzer Pfeffer
- 2 EL Öl

Die Entrecôtes waschen und mit Küchenpapier trockentupfen.

Den Senf mit den provenzalischen Kräutern, Salz, Pfeffer und dem Öl verrühren und die Entrecôtes damit bestreichen.

Die Entrecôtes auf jeder Seite 4–5 Minuten grillen. Das gegrillte Fleisch kurz ruhen lassen und anschließend in 1 cm dicke Scheiben aufschneiden.

Dazu schmeckt Nußbutter (Rezept S. 131) oder eine Artischocken-Knoblauch-Sauce (Rezept S. 138).

Nährwerte pro Portion
Kilokalorien 300, Kilojoule 1260, Eiweiß/g 43, Kohlenhydrate/g 0, Fett/g 14, Ballaststoffe/g 0

Rollbraten am Spieß

Schweinerollbraten beim Metzger vorbestellen

einfach, braucht Zeit
6 Portionen

- 1 1/2 kg Schweineschulter, gerollt
- Salz
- frisch gemahlener Pfeffer
- Knoblauchöl zum Bestreichen

Den Rollbraten abspülen, trockentupfen, mit Salz und Pfeffer einreiben und auf einen langen Grillspieß stecken. Gut mit Knoblauchöl bestreichen und so lange grillen, bis er rundum Farbe angenommen hat.

Den Braten in dicke Alufolie einpacke und 45 Minuten grillen. Kurz vor Ende d Garzeit die Folie entfernen, das Fleisch nochmals mit Knoblauchöl bestreichen u knusprig braun grillen.

Dazu Kartoffeln in der Folie, gegrillte Tomaten und Schalotten reichen.

Nährwerte pro Portion
Kilokalorien 300, Kilojoule 1270, Eiweiß/g 56, Kohlenhydrate/g 0, Fett/g 9, Ballaststoffe/g 0

Schweinenacken am Spieß

einfach, braucht Zeit
4 Portionen

- 1 kg ausgelöster Schweinenacken
- Salz
- frisch gemahlener Pfeffer
- 1 EL scharfer Senf
- 1 kleines Bund Thymian
- 3 Zweige Rosmarin
- 100 g Frühstücksspeck in dünnen Scheiben
- Öl zum Bestreichen

Den Schweinenacken unter kaltem Wasser abspülen, trockentupfen, ringsum mit Salz und Pfeffer würzen und mit dem Senf bestreichen. Den Thymian waschen, trockenschleudern und die Blättchen von den Stielen streifen. Den Schweinenacken mit dem Thymian bestreuen und die Rosmarinzweige darauf legen. Die Speckscheiben um das Fleisch wickeln und mit Küchengarn festbinden. Auf einen Bratspieß stecken und unter ständigem Drehen etwa 1 1/2 Stunden grillen, dabei gelegentlich mit Öl bestreichen.

Den gegrillten Schweinenacken vor dem Anschneiden 10 Minuten ruhen lassen.

Nährwerte pro Portion
Kilokalorien 720, Kilojoule 3010, Eiweiß/g 48, Kohlenhydrate/g 1, Fett/g 57, Ballaststoffe/g 0,2

Gefüllter Schweinerücken vom Grill

einfach, braucht Zeit
4 Portionen

- 1,5 kg Schweinerücken im Stück am Knochen
- Salz
- 2 altbackene Brötchen
- 100 ml Milch
- 150 g Geflügelleber
- 100 g geräucherter Schweinebauch
- 2 Bund Petersilie
- 2 Knoblauchzehen
- 150 g Emmentaler, gerieben
- 1 TL Rosmarinnadeln
- frisch gemahlener schwarzer Pfeffer
- 6 EL Öl

Das Fleisch waschen, abtrocknen, leicht salzen und 30 Minuten ruhen lassen.

Dann den Braten in Form schneiden: Mit einem scharfen Messer das sehnige Fleisch zwischen den Knochen hahnenkammförmig herausschneiden. Zum Füllen das Fleisch entlang der Knochen fast ganz einschneiden, zur Hälfte quer nach innen schneiden und dann aufklappen.

Für die Füllung die Brötchen in lauwarmer Milch einweichen und gut ausdrücken. Die Geflügelleber waschen, trockentupfen, die Häutchen entfernen, die Lebern fein hacken. Den Schweinebauch fein würfeln. Die Knoblauchzehen abziehen und pressen. Die Petersilie waschen und grob hacken. Alles gut vermischen und mit Reibkäse, feingehacktem Rosmarin, Salz und Pfeffer abschmecken.

Die Füllung auf das aufgeklappte Fleisch streichen und dieses vorsichtig bis an den Knochen zurückrollen. Die beiden Enden zunähen oder mit Rouladennadeln zusammenhalten. Das Fleisch zwischen den Knochen zubinden.

Den Schweinerücken mit Öl bestreichen und auf den eingefetteten Grillrost legen. Bei mittlerer Hitze etwa 1 1/2 Stunden grillen, nach der Hälfte der Garzeit wenden. Während des Grillens das Fleisch mehrmals mit Öl bestreichen.

Den fertigen Schweinerücken im ganzen auf eine vorgewärmte Platte legen und 5 Minuten ruhen lassen, damit die Füllung beim Anschneiden nicht bricht. Erst bei Tisch in Scheiben schneiden.

Nährwerte pro Portion
Kilokalorien 870, Kilojoule 3630, Eiweiß/g 61, Kohlenhydrate/g 8, Fett/g 59, Ballaststoffe/g 0,2

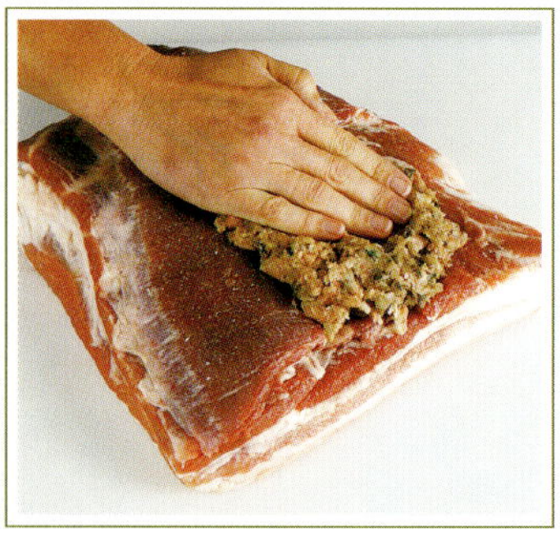

Rollbraten von gefülltem Schweinebauch

einfach, braucht Zeit
8 Portionen

- 1,8 kg Schweinebauch
- Salz
- frisch gemahlener Pfeffer

Füllung

- 150 g gekochter Schinken
- 250 g Schweinehack
- 250 g Champignons
- 1 kleine Zwiebel
- 2 Knoblauchzehen
- 1 TL Thymian
- 1 TL Butter
- 2 Scheiben Weißbrot ohne Rinde
- 1 Ei
- Öl zum Bestreichen

Den Schweinebauch parieren und mit Salz und Pfeffer einreiben.

Den Schinken würfeln und mit dem Schweinehack vermischen.

Die Champignons putzen. Die Zwiebel und die Knoblauchzehen abziehen, fein hacken und mit dem Thymian vermengen.

Die Butter in einer Pfanne zerlassen. Champignons, Zwiebel und Knoblauch andünsten und anschließend zum Schweinehack geben.

Die Weißbrotscheiben fein zerkrümeln und mit dem Ei, Salz und Pfeffer in die Schweinehackmischung einarbeiten.

Wenn der Schweinebauch zum Rollen breit genug ist, die Füllung auf die Fleischseite streichen. Oder: In den Schweinebauch eine tiefe Tasche schneiden und die Füllung hineingeben.

Den Schweinebauch rollen und mit Küchengarn schnüren: zuerst rundherum in Abständen von etwa 2 cm, dann auf der Rückseite der Länge nach durch die Wicklung ziehen.

Den Rollbraten auf einen Drehspieß stecken und mit Öl bestreichen. Im vorgeheizten Grill bei 200°C etwa 1 Stunde grillen, dabei gelegentlich mit Öl bestreichen. Die Grilltemperatur auf 160°C reduzieren und weitere 50 Minuten garen.

Das Garn vom Rollbraten entfernen und den Braten vor dem Anschneiden gut 5 Minuten ruhen lassen.

Mit Ballonkartoffeln (Rezept S. 114) und Radieschensauce (Rezept S. 138) servieren.

Nährwerte pro Portion
Kilokalorien 870, Kilojoule 3660, Eiweiß/g 47, Kohlenhydrate/g 4, Fett/g 74, Ballaststoffe/g 0,8

Gegrillter Senfbraten

Das Fleisch vom Metzger längs bis zu Mitte einschneiden lassen

einfach, braucht Zeit zum Einfrieren

6 Portionen

- 1 kg Schweinelende
- Salz
- 1 Bund glatte Petersilie
- 1 große Zwiebel
- 2 Knoblauchzehen
- 1/2 Bund Basilikum
- 1 EL grüner Pfeffer
- 4 EL scharfer Senf
- 1/2 TL Majoran
- 3 EL Öl
- Grillöl zum Bestreichen

Das Fleisch abspülen, trockentupfen und innen und außen salzen.

Die Petersilie waschen, trockenschütteln und fein hacken. Die Zwiebel und die Knoblauchzehen abziehen und hacken. Das Basilikum waschen, trockenschütteln und die Blätter hacken.

Den grünen Pfeffer im Mörser zerdrücken und mit dem Senf, Basilikum, Majoran und dem Öl verrühren. Petersilie, Zwiebel und Knoblauch untermischen und in den Einschnitt füllen. Das Fleisch mit Küchengarn umwickeln und auf einen Bratspieß stecken. Unter ständigem Drehen in 15–20 Minuten knusprig braun grillen, dabei gelegentlich mit Grillöl bestreichen.

Den Senfbraten vom Spieß nehmen, kurz ruhen lassen und in Scheiben schneiden.

Mit Ballonkartoffeln (Rezept S. 114) und mariniertem Gemüse servieren.

Nährwerte pro Portion
Kilokalorien 330, Kilojoule 1400, Eiweiß/g 37, Kohlenhydrate/g 2, Fett/g 19, Ballaststoffe/g 0,7

Bayerischer Schweinebraten vom Rost mit Kruste

einfach, braucht Zeit
8 Portionen

- 2 kg Schweinebraten aus der Schulter mit Schwarte
- Salz
- frisch gemahlener Pfeffer
- 1 TL gemahlener Kümmel
- 1/2 l dunkles Bier

Den Schweinebraten unter fließendem Wasser abspülen und trockentupfen. Die Schwarte mit einem scharfen Messer rautenförmig einschneiden. Den Braten von allen Seiten mit Salz, Pfeffer und Kümmel kräftig einreiben.

Den Grill auf 200°C vorheizen. Den Grillrost auf die Fettpfanne setzen und den Schweinebraten mit der Schwarte nach unten drauflegen und mit 1/4 Liter heißem Wasser übergießen. Auf der mittleren Schiene 15 Minuten grillen. Die Temperatur auf 180°C reduzieren, das Fleisch umdrehen und weitere 2 Stunden grillen, dabei ab und zu mit dunklem Bier übergießen. 10 Minuten vor Ende der Garzeit den Grill auf hohe Temperatur stellen und nochmals mit Bier übergießen, damit die Kruste knusprig wird.

Den fertigen Schweinebraten aus dem Grill nehmen und vor dem Anschneiden etwa 10 Minuten ruhen lassen.

Mit Kartoffelknödeln und gemischtem Salat servieren.

Nährwerte pro Portion
Kilokalorien 440, Kilojoule 1750, Eiweiß/g 51, Kohlenhydrate/g 4, Fett/g 24, Ballaststoffe/g 0

Bayerische Kalbshaxe vom Rost

einfach, braucht Zeit
4 Portionen

- 1 Kalbshaxe (Hinterhaxe), ca. 2 kg
- 1 Knoblauchzehe
- Salz
- frisch gemahlener Pfeffer
- 1/2 TL gemahlener Kümmel
- Öl zum Bestreichen
- 1/2 l dunkles Bier

Die Kalbshaxe waschen, trockentupfen und parieren.

Die Knoblauchzehe abziehen und durch eine Presse drücken. Mit Salz, Pfeffer und Kümmel vermischen und die Kalbshaxe damit einreiben. Die Kalbshaxe mit Öl bestreichen. Den Bratrost einölen, auf die Fettpfanne setzen und die Haxe darauflegen. Im vorgeheizten Heißluftgrill bei mittlerer Temperatur auf der mittleren Schiene etwa 2 1/2 Stunden grillen. Dabei von Zeit zu Zeit die Haxe mit etwas Bier begießen.

Die Kalbshaxe im ganzen auftragen und erst am Tisch das Fleisch vom Knochen lösen.

Mit Kartoffel- (Rezepte S. 150) und Feldsalat reichen.

Nährwerte pro Portion
Kilokalorien 470, Kilojoule 1960, Eiweiß/g 62
Kohlenhydrate/g 7, Fett/g 16, Ballaststoffe/g 0

Deviled Kidneys, Pikante Nierchen

einfach
4 Portionen

- 8 ganze Lammnieren, gehäutet und vom Fett befreit
- 2 TL feingehacktes Mango Chutney aus dem Glas
- 1 EL Senf
- 1 1/2 TL scharfes englisches Senfpulver
- 2 TL frisch ausgepreßter Zitronensaft
- 1/2 TL Salz
- 1 Prise Cayennepfeffer
- 15 g weiche Butter
- 4 Scheiben Toast

Die Nierchen mit einem großen, scharfen Messer der Länge nach halbieren, ohne sie ganz durchzuschneiden.

Für die Marinade Chutney, Senf, Senfpulver, Zitronensaft, Salz und Cayennepfeffer in eine große Schüssel geben und gut verrühren.

Die Nierchen einlegen und mit einem Löffel in der Flüssigkeit wenden, bis sie von allen Seiten gut befeuchtet sind. Beiseite stellen und bei Zimmertemperatur 1 Stunde marinieren lassen. Hin und wieder wenden.

Die Fettpfanne aus dem Ofen nehmen und die weiche Butter mit dem Pinsel darin verstreichen. Die Pfanne beiseite stellen und den Grill auf höchste Temperaturstufe schalten.

Die Nierchen aus der Marinade heben und flach, mit der Schnittstelle nach oben, in die Pfanne legen. 7–8 cm von den Heizspiralen entfernt 3 Minuten lang grillen, wenden und weitere 3 Minuten grillen.

Jede Toastscheibe mit 1/2 Teelöffel Marinade bestreichen, die Nierchen paarweise darauflegen und sofort zu Tisch geben.

Nährwerte pro Portion
Kilokalorien 250, Kilojoule 1050, Eiweiß/g 27, Kohlenhydrate/g 12, Fett/g 8, Ballaststoffe/g 0,6

Kalbsherz vom Grill

einfach, Blitzrezept
4 Portionen

- 2 Kalbsherzen à 400 g
- Salz
- Knoblauchöl zum Bestreichen

Die Kalbsherzen waschen, trockentupfen, halbieren und von Haut, Sehnen und Knorpeln befreien. Die Herzhälften quer zur Faser in dünne Scheiben schneiden, leicht salzen und mit Knoblauchöl bestreichen.

Ein ausreichend großes Stück Alufolie auf den Holzkohlengrill legen und die Herzscheiben darauf setzen.

Auf beiden Seiten je 2–3 Minuten grillen.

Dazu schmeckt ein bunter Rohkostteller.

Nährwerte pro Portion
Kilokalorien 320, Kilojoule 1320, Eiweiß/g 31, Kohlenhydrate/g 2, Fett/g 18, Ballaststoffe/g 0

Gemischte Spieße vom Kalb

einfach, Blitzrezept
4 Portionen

- 200 g Kalbsleber
- 200 g Kalbsschnitzel
- 100 g Speck in dünnen Scheiben
- 4 Kalbsbratwürste
- 20 Salbeiblätter
- Salz
- frisch gemahlener Pfeffer
- 1 EL Mehl
- 2 EL Öl

Die Leber und das Schnitzelfleisch waschen und trockentupfen, die Haut von der Leber abziehen. Leber, Fleisch und den Speck in ca. 4 cm große Quadrate schneiden. Die Kalbsbratwürste in ca. 4 cm lange Stücke schneiden.

Die Salbeiblätter waschen und trockentupfen. Leber, Fleisch, Wurststücke und Salbeiblätter abwechselnd auf 8 Schaschlikspieße stecken. Salzen, pfeffern und mit etwas Mehl bestäuben.

Das Öl in einer Grillpfanne erhitzen und die Spieße darin bei mittlerer Hitze rundum ca. 8 Minuten braten.

Die Spieße herausheben und auf Küchenpapier kurz abtropfen lassen. Je 2 Spieße auf vorgewärmten Tellern anrichten.

Dazu Baguette und Zitronenschnitze reichen.

Nährwerte pro Portion
Kilokalorien 610, Kilojoule 2560, Eiweiß/g 52, Kohlenhydrate/g 4, Fett/g 38, Ballaststoffe/g 0,1

Kalbshaxenscheiben vom Grill

Fleisch über Nacht marinieren

einfach, braucht Zeit
4 Portionen

- 1 Kalbshaxe, ca. 1,6 kg
- 2 Knoblauchzehen
- 1/2 TL Salz
- 2 Lorbeerblätter
- 1 EL Thymian
- 1 Messerspitze Cayennepfeffer
- 1/8 l Weißwein
- 1 EL Zitronensaft
- 8 EL Olivenöl

Die Kalbshaxe vom Metzger in 2 cm dicke Scheiben schneiden lassen. Die Beinscheiben waschen und trockentupfen.

Für die Marinade die Knoblauchzehen abziehen und im Mörser mit dem Salz und den Lorbeerblättern zerdrücken und mit Thymian, Cayennepfeffer, Weißwein, Zitronensaft und Olivenöl verrühren.

Die Beinscheiben in eine Schüssel legen, die Marinade darüber gießen und das Fleisch darin wenden. Zugedeckt im Kühlschrank über Nacht ziehen lassen.

Kurz vor dem Grillen die Beinscheiben aus der Marinade heben und gut abtropfen lassen. Das Fleisch am Rand mehrmals leicht einschneiden. Auf dem Rost bei mittlerer Hitze auf jeder Seite 10 Minuten grillen.

Mit Kräuterbutter und grüner Sauce reichen, dazu schmecken frische Blattsalate (Rezept S. 147) und Kartoffel-Gurken-Salat.

Nährwerte pro Portion
Kilokalorien 390, Kilojoule 1620, Eiweiß/g 47, Kohlenhydrate/g 0, Fett/g 22, Ballaststoffe/g 0

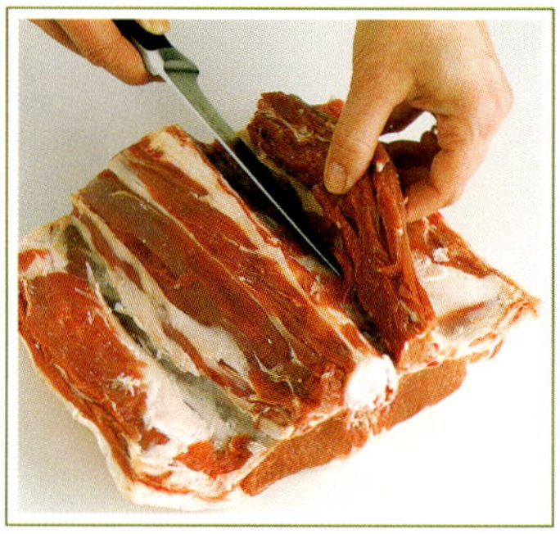

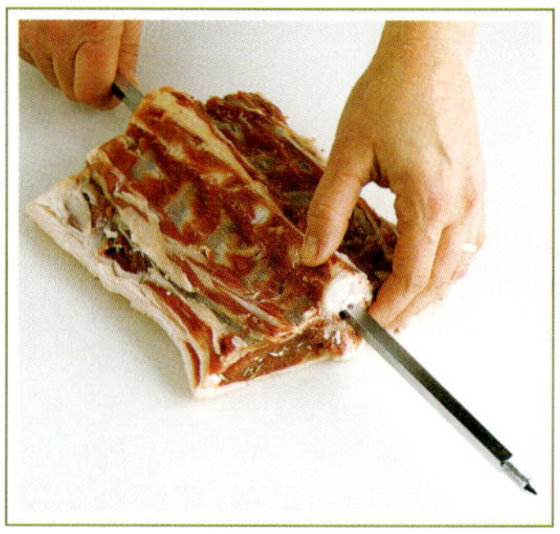

Lammrücken, am Spieß gegrillt

einfach, braucht Zeit
6 Portionen

Wenn Sie Lammfleisch gern rosa essen, können Sie die Filets an der Unterseite mitgrillen. Falls das Rückenfleisch fast durchgebraten sein soll, lösen Sie die Filets aus und braten sie extra in der Pfanne.

- 1,2 kg großer Lammrücken aus der vorderen Hälfte des Tieres
- Salz
- frisch gemahlener schwarzer Pfeffer
- 1 TL getrocknete, grob zerstoßene Chilischoten
- je 1 TL Koriander- und Pimentkörner
- 1/2 EL getrocknete Rosmarinnadeln
- 1 TL getrockneter Thymian
- 4–5 Knoblauchzehen
- 1/8 l Olivenöl
- 12 milde, mittelgroße Zwiebeln
- 12 Zuckerstücke
- 60 g Butter
- 6 große, mehligkochende Kartoffeln

Eventuell die Filets herausschneiden. Die Schwarte auf dem Rücken gleichmäßig einschneiden und mit Salz und Pfeffer massieren. Gewürze und Kräuter im Mörser zerstampfen, Knoblauchzehen abziehen und zugeben, das Öl unterarbeiten. Den Rücken damit rundherum einreiben.

Die Zwiebeln abziehen und kreuzweise einschneiden, leicht salzen und je 1 Zuckerstück hineindrücken. Mit Butterstückchen belegen und in Alufolie wickeln. Die Kartoffeln waschen, schrubben und halbieren. Die Schnittflächen leicht salzen.

Den Backofen auf 225°C vorheizen, die Kartoffeln in den Ofen stellen und 15 Minuten vorbacken.

Den Grillspieß durch das Rückenmark stecken – dazu braucht man Kraft und eine feste, unempfindliche Unterlage.

Den Grill vorheizen. Die Zwiebeln in den Ofen geben und den Spieß einsetzen. Den Lammrücken 15–20 Minuten grillen, anschließend im ausgeschalteten Ofen noch 10 Minuten ruhen lassen.

Nährwerte pro Portion
Kilokalorien 960, Kilojoule 4040, Eiweiß/g 44, Kohlenhydrate/g 55, Fett/g 56, Ballaststoffe/g 8,9

Lammkoteletts, provenzalisch

einfach, zum Einfrieren
4 Portionen

- 12 Lammkoteletts
- 1 EL frische Rosmarinnadeln
- 2 Knoblauchzehen
- 4 EL Olivenöl
- Salz
- frisch gemahlener schwarzer Pfeffer

Von den Lammkoteletts Haut und Fett weitgehend abschneiden. Den Rosmarin grob hacken. Den Knoblauch abziehen und pressen. Rosmarin, Knoblauch und 2 Eßlöffel Olivenöl mit Salz und Pfeffer verrühren. Die Lammkoteletts damit einreiben.

Den Grillrost gut ölen und die Lammkoteletts bei mittlerer Hitze auf jeder Seite 2–3 Minuten grillen, je nachdem wie rosig das Fleisch bleiben soll.

Die Lammkoteletts mit Ratatouille servieren. Dazu paßt Kartoffelgratin (Rezept S.117).

Nährwerte pro Portion
Kilokalorien 480, Kilojoule 2000, Eiweiß/g 27, Kohlenhydrate/g 42, Fett/g 0, Ballaststoffe/g 0

Lamm vom Rost

einfach, zum Einfrieren
4 Portionen

- 16 Lammkoteletts als Stielkoteletts, Lammrückenscheiben oder Lammkarree
- 4–6 Knoblauchzehen
- 1 TL Salz
- je 1 TL getrockneter Thymian, Oregano und Rosmarin
- frisch gemahlener schwarzer Pfeffer
- 1/2 TL Chilipulver
- 1/8 l Olivenöl

Lammrücken ist zum Grillen am besten geeignet und zwar in seine Koteletts zerteilt: Bekannt und besonders praktisch zum Abknabbern sind die Stielkoteletts, dazu werden die Rippen gut 5 cm geschält. Lammrückenscheiben sind Doppelkoteletts, üblicherweise ohne „Stiel“ geschnitten. Das Lammkarree sind mehrere Koteletts am Stück, häufig 8 Rippen, die ebenfalls bis zum Fleisch hin geschält werden. Der Vorteil des Lammkarrees ist, daß das Fleisch beim Grillen schön saftig bleibt. Anschliessend kann man es in Portionen von 2–4 Rippen zerteilen. Alle Koteletts am Knochen und in der Fettschicht mehrmals einkerben, damit sie sich beim Grillen nicht wölben.

Für die Marinade die Knoblauchzehen abziehen und pressen. Mit Salz und allen anderen Gewürzen mischen und mit dem Olivenöl verrühren. Die Lammkoteletts mit der Marinade bestreichen und in einer Schüssel übereinander stapeln. Nach Möglichkeit zugedeckt etwas ziehen lassen.

Den Grill stark vorheizen und den Rost gut ölen. Die Lammkoteletts auf jeder Seite 2 Minuten grillen, so sind sie innen noch rosig. Schon bei einer Minute mehr pro Seite garen sie durch. Das Lammkarree je nach Fleischstärke und gewünschter Garstufe 10–15 Minuten grillen und dabei wenden.

Als Beilage schmecken Gemüsespieße (Rezept S. 106), die mit derselben Marinade wie das Lamm bestrichen werden können.

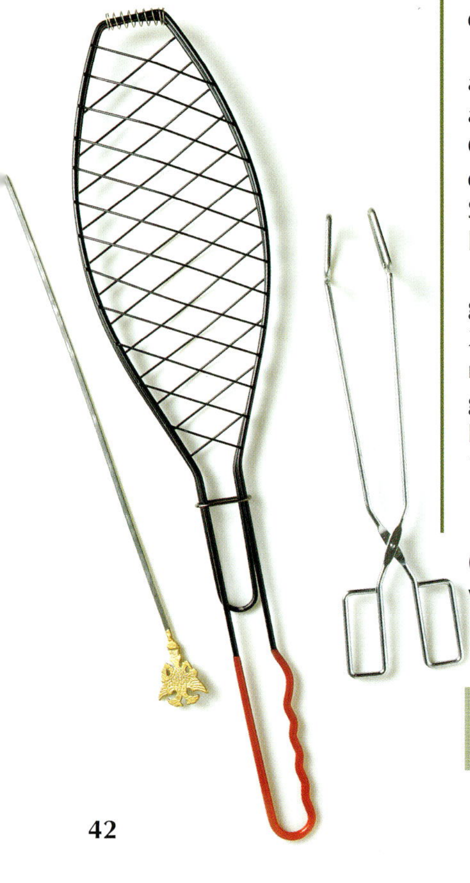

Nährwerte pro Portion
Kilokalorien 640, Kilojoule 2700, Eiweiß/g 29, Kohlenhydrate/g 60, Fett/g 0, Ballaststoffe/g 0

Schweinebauch vom Grill

einfach, Blitzrezept
4 Portionen

- 3 EL Öl
- 1 EL Worcestersauce
- 1 TL Tomatenmark
- Salz
- 1 Messerspitze Cayennepfeffer
- 1/2 TL getrockneter, zerriebener Salbei
- 4 Bauchfleischscheiben à 175 g
- frisch gemahlener Pfeffer

Das Öl mit der Worcestersauce, Tomatenmark, Salz, Cayennepfeffer und Salbei verrühren.

Die Bauchfleischscheiben mit dem gewürzten Öl einstreichen und auf jeder Seite bei mittlerer Hitze 6 Minuten grillen.

Vor dem Servieren noch etwas Pfeffer darüber mahlen.

Nährwerte pro Portion
Kilokalorien 650, Kilojoule 2740, Eiweiß/g 28, Kohlenhydrate/g 0, Fett/g 60, Ballaststoffe/g 0

Bunte Wammerlspieße

Wammerl ist in Süddeutschland das Wort für Schweinebauch. Am besten verwenden Sie dünne Scheiben Frühstücksspeck.

Jeweils 2–3 Scheiben um Schaschlikspieße oder um dicke Grissini wickeln und fest andrücken.

Die bunte Würzung liefern Paprikapulver, Curry und gemahlener Rosmarin.

Die Wammerlspieße bei guter Mittelhitze rundum 3–4 Minuten grillen.

Tip

Der Räuberspieß kann zum Grillen auch mit einem Schweinenetz überzogen werden. So sind die Zutaten geschützt, das Schweinefett verbessert den Geschmack, und Sie müssen nicht nachölen. Bestellen Sie ein Schweinenetz beim Metzger. Vor der Verwendung in reichlich kaltes Wasser legen.

Großer Räuberspieß

einfach
6 Portionen

- 500 g Schweinenacken
- 250 g frischer Schweinebauch ohne Knochen
- 300 g Rinderlende
- 200 g geräucherter Bauchspeck in 2 cm dicken Scheiben
- je 1 rote, grüne und gelbe Paprikaschote
- 6 Schalotten
- 2 Tomaten
- Knoblauchöl zum Bestreichen
- Salz
- frisch gemahlener Pfeffer

Den Schweinenacken und den Schweinebauch waschen und trockentupfen. Den Schweinenacken in 4 cm große Würfel, den Schweinebauch und die Lende in 2 cm große Würfel schneiden. Die Bauchspeckscheiben in 4 cm dicke Stücke schneiden.

Die Paprikaschoten waschen, vierteln, entkernen und in große Stücke schneiden. Die Schalotten abziehen.

Einen Drehspieß einölen und zuerst 1 Tomate, dann abwechselnd Fleischstücke, Speckscheiben, Paprikaschoten und Schalotten aufstecken, zuletzt die zweite Tomate. Mit den Halteklammern befestigen.

Den Fleischspieß salzen, pfeffern und mit Knoblauchöl bestreichen. In den Grill einhängen und bei mittlerer Hitze ca. 30 Minuten grillen. Immer mit Öl bestreichen.

Nährwerte pro Portion
Kilokalorien 650, Kilojoule 2710, Eiweiß/g 35, Kohlenhydrate/g 3, Fett/g 55, Ballaststoffe/g 2,8

Grillspieß mit Ananas und Schweinebauch

einfach, Blitzrezept
4 Portionen

- 1 EL frische, gehackte Minze
- 2 EL Olivenöl
- Salz
- Pfeffer
- 4 dicke Scheiben frische Ananas
- 250 g geräucherter Schweinebauch am Stück
- 500 g mageres Schweinefleisch aus der Keule
- 2 große grüne Paprikaschoten

Die gehackte Minze mit Olivenöl, Salz und Pfeffer vermischen und ziehen lassen.

Die Ananas, den Schweinebauch und das Schweinefleisch in mundgerechte Würfel schneiden.

Die Paprikaschoten waschen, halbieren, entkernen und in große Stücke schneiden. Ananas, Schweinebauch, Fleisch und Paprikaschoten abwechselnd auf 4 Grillspieße stecken.

Die Spieße mit dem Kräuteröl bestreichen und von allen Seiten bei mittlerer Hitze etwa 10 Minuten grillen.

Nährwerte pro Portion
Kilokalorien 430, Kilojoule 1800, Eiweiß/g 46, Kohlenhydrate/g 11, Fett/g 20, Ballaststoffe/g 2,4

Die drei Klassiker vom östlichen Mittelmeer: Schaschlik, Souvlakia und Shish Kebab. Keiner der Spieße ist besonders attraktiv, aber alle drei werden von Millionen Menschen heiß geliebt.

Schaschlik, klassisch

einfach, Blitzrezept
4 Portionen

- 600 g Schweinefleisch aus der Keule
- 200 g geräucherter Schweinebauch in Scheiben
- 4 große Zwiebeln
- 4 EL Öl
- 1 EL Tomatenmark
- 1 EL Currypulver
- 1 Messerspitze Cayennepfeffer
- 1 TL Zucker
- Salz

Das Schweinefleisch waschen, trockentupfen und in ca. 3 cm große Würfel schneiden. Die Schweinebauchscheiben quer in ebenfalls 3 cm große Streifen schneiden. Die Zwiebeln abziehen und achteln.

Auf 4 Grillspieße abwechselnd Fleischwürfel, Schweinebauchstreifen und Zwiebelstücke aufstecken.

Das Öl mit dem Tomatenmark, 1 Teelöffel Currypulver, Cayennepfeffer und Zucker verrühren. Die Fleischspieße damit dünn bestreichen und auf dem Rost bei mittlerer Hitze 15–20 Minuten grillen, dabei mehrmals wenden und mit dem Würzöl bestreichen. Die fertigen Spieße salzen und mit dem restlichen Curry bestäuben.

Nährwerte pro Portion
Kilokalorien 320, Kilojoule 1340, Eiweiß/g 43, Kohlenhydrate/g 5, Fett/g 14, Ballaststoffe/g 1,3

Souvlakia

Das Fleisch 4 Stunden marinieren.

einfach, braucht Zeit
4 Portionen

- 750 g Lammkeule ohne Knochen
- 2 Knoblauchzehen
- 1/2 TL Salz
- Saft von 1 Zitrone

- frisch gemahlener Pfeffer
- 8 EL Olivenöl
- 1 rote Paprikaschote

Das Fleisch waschen, abtrocknen und in ca. 2,5 cm große Würfel schneiden. Die Knoblauchzehen abziehen und mit dem Salz im Mörser zerdrücken. Die Paste mit dem Zitronensaft, Pfeffer und Olivenöl verrühren. Die Fleischstücke in eine Schüssel legen, mit der Marinade begießen und zugedeckt 4 Stunden durchziehen lassen.

Die Paprikaschote waschen, putzen und in Würfel schneiden. Die Fleischstücke aus der Marinade heben, gut abtropfen lassen und mit der Paprika auf 4 Spieße stecken. Die Spieße nebeneinander auf den Rost legen und bei mittlerer Hitze 10–15 Minuten grillen, dabei mehrmals wenden und mit etwas Marinade bestreichen.

Nährwerte pro Portion
Kilokalorien 480, Kilojoule 2000, Eiweiß/g 35, Kohlenhydrate/g 0, Fett/g 37, Ballaststoffe/g 0

Tip

Statt Lammfleisch kann auch Schweinenacken oder Schnitzelfleisch verwendet werden.

Als Beilage schmecken Grilltomate oder andere gegrillte Gemüse und natürlich Pitabrot. Hier wurden Brotstücke aufgeschnitten und ebenfalls geröstet.

Shish Kebab

einfach, braucht Zeit
4 Portionen

- 800 g Lammschulter ohne Knochen
- 2 Knoblauchzehen
- 2 Lorbeerblätter
- 1/2 TL Salz
- 1 TL Zwiebelpulver
- frisch gemahlener Pfeffer
- 1/2 TL gemahlener Ingwer
- Saft von 1 Zitrone
- 6 EL Olivenöl
- 1 Knolle frischer Knoblauch
- Öl zum Bestreichen

Das Fett vom Lammfleisch entfernen und das Fleisch in 2–3 cm große Würfel schneiden. Die Knoblauchzehen abziehen und im Mörser mit den Lorbeerblättern und dem Salz zerdrücken. Die Paste mit Zwiebelpulver, Pfeffer, Ingwer, Zitronensaft und Olivenöl verrühren. Die Lammfleischstücke in eine Schüssel legen, die Marinade darüber verteilen und das Fleisch 1 Stunde darin ziehen lassen. Während dieser Zeit die Fleischstücke mehrmals in der Marinade wenden.

Die Knoblauchknolle in Zehen zerteilen, ohne diese zu schälen. Das Fleisch aus der Marinade heben und mit den Knoblauchzehen auf die 4 Grillspieße stecken. Bei mittlerer Hitze auf dem Rost 10–15 Minuten grillen. Die Zeit richtet sich danach, wie stark durchgebraten das Fleisch sein soll. Während des Grillens die Spieße mehrmals drehen und mit etwas Marinade bestreichen.

Nährwerte pro Portion
Kilokalorien 610, Kilojoule 2560, Eiweiß/g 34, Kohlenhydrate/g 0, Fett/g 52, Ballaststoffe/g 0

Tip

Die Fleischnadeln können auch auf Alufolie in ein Backblech gelegt und kurz unter dem Grill im Backofen gegart werden.

Asiatische Fleischnadeln

einfach, Blitzrezept
4 Portionen

- 2 Rumpsteaks, 2–3 cm hoch
- 2 Schweinekoteletts, 2–3 cm hoch
- 4 Knoblauchzehen
- 4 kleine rote Chilischoten
- 6 EL Soja- oder Erdnußöl
- Salz
- 2 EL Sesamsaat
- 2 Limetten

Das Rind- und das Schweinefleisch von Fett, Haut und Knochen befreien. Die Fleischstücke der Länge nach in 4–5 mm dicke Streifen schneiden und diese quer auf dünne Holzspießchen stecken (siehe Abbildung).

Die Knoblauchzehen abziehen. Die Chilischoten waschen, putzen und entkernen. Knoblauch und Chilischoten miteinander sehr fein hacken und mit 4 Eßlöffel Öl verrühren.

Die Fleischnadeln mit dem Würzöl bestreichen und schwach salzen. Den Sesam in einer trockenen, heißen Pfanne goldgelb rösten.

Zwei Grillpfannen leicht mit Öl bestreichen und stark erhitzen. Die Fleischnadeln auf jeder Seite 2 Minuten grillen, auf eine vorgewärmte Platte legen und mit dem Sesam bestreuen. Mit Limettenspalten garnieren.

Dazu schmeckt Mango-Chutney (Rezept S. 141) oder eine thailändische Würzsauce (Rezept S. 142).

Nährwerte pro Portion
Kilokalorien 690, Kilojoule 2900, Eiweiß/g 41, Kohlenhydrate/g 57, Fett/g 2, Ballaststoffe/g 1

Hackfleisch und W

rstchen, einfach lecker

Ein bißchen östliches Mittelmeer gefällig? Hamburger und Frikadellen sind auch dort beliebt – sie heißen nur anders.

Pita-Lammburger

einfach
4 Portionen

- 1 große Zwiebel
- 2 Knoblauchzehen
- 500 g Lammhackfleisch
- 2 Eier
- 3–4 EL Semmelbrösel
- 1 TL Kreuzkümmel
- 1 TL Kurkuma
- 1 Messerspitze Cayennepfeffer
- Salz
- Öl zum Bestreichen
- 1 großes Pitabrot
- 1 EL natives Olivenöl
- 4 EL Tsatsiki
- 4 Blätter Eissalat
- 1/2 Salatgurke in Scheiben
- 4 große Tomatenscheiben

Die Zwiebel und die Knoblauchzehen abziehen und fein hacken. In einer Schüssel das Lammhackfleisch mit den Eiern, den Semmelbröseln, Zwiebel und Knoblauch gut verkneten. Mit Kreuzkümmel, Kurkuma, Cayennepfeffer und Salz würzen. Aus dem Fleischteig 4 Klopse formen und flachdrükken. Mit Öl bestreichen und bei mittlerer Glut auf jeder Seite 4–5 Minuten grillen.

Das Pitabrot vierteln und jedes Teil aufschneiden. Die Brotstücke mit den Schnittflächen kurz auf den geölten Rost legen. Die unteren Brotviertel mit etwas Olivenöl beträufeln, mit Tsatsiki bestreichen und jeweils 1 Salatblatt, Gurkenscheiben, 1 Lammburger, 1 Tomatenscheibe und zuletzt das obere Brotviertel darauf legen.

Nährwerte pro Portion
Kilokalorien 600, Kilojoule 2530, Eiweiß/g 32
Kohlenhydrate/g 38, Fett/g 35, Ballaststoffe/g 2,7

Pljeskavica

1 Stunde ziehen lassen

einfach
4 Portionen

- 2 große Zwiebeln
- 3 Knoblauchzehen
- 250 g Kalbfleisch
- 250 g Schweinefleisch
- 1 frische Chilischote
- 2 Eier
- 2 EL Semmelbrösel
- Salz
- frisch gemahlener Pfeffer
- 1 TL Paprikapulver, edelsüß
- 1 TL Majoran
- Öl zum Bestreichen

Die Zwiebeln und die Knoblauchzehen abziehen. 1 Zwiebel und den Knoblauch grob hacken. Das Fleisch würfeln und mit der gehackten Zwiebel und dem Knoblauch durch den Fleischwolf drehen.

Die Chilischote waschen, halbieren, entkernen und in feine Würfel schneiden. Die zweite Zwiebel fein hacken. Alle Zutaten mit den Eiern und den Semmelbröseln gut vermengen und kräftig mit Salz, Pfeffer, Paprikapulver und Majoran würzen. Zugedeckt im Kühlschrank 1 Stunde ziehen lassen.

Dann aus dem Fleischteig 4 große, flache, etwa 2,5 cm dicke Frikadellen formen, mit Öl bestreichen und bei mittlerer Hitze 8–10 Minuten grillen. Nach der Hälfte der Zeit die Frikadellen wenden und nochmals mit Öl bestreichen.

Nährwerte pro Portion
Kilokalorien 380, Kilojoule 1590, Eiweiß/g 28,
Kohlenhydrate/g 6, Fett/g 27, Ballaststoffe/g 1

Cevapcici vom Grill

einfach, zum Einfrieren
4 Portionen

- 1 große Zwiebel
- 2 Knoblauchzehen
- 200 g Rindfleisch
- 200 g Schweinefleisch
- 200 g Lammfleisch
- 1 TL Rosenpaprika
- Salz
- frisch gemahlener Pfeffer
- Mehl zum Bestäuben
- Öl zum Grillen

Die Zwiebel und die Knoblauchzehen abziehen und grob hacken.

Das Fleisch würfeln. Fleisch, Zwiebel und Knoblauch durch den Fleischwolf drehen.

In einer Schüssel die Fleischmasse mit den Gewürzen vermischen und von Hand 10 Minuten kneten – das ist wichtig!

Ein Probewürstchen braten oder grillen und den Fleischteig gegebenenfalls nachwürzen. Mit nassen Händen aus dem Fleischteig etwa daumengroße Würstchen formen, mit Mehl bestäuben und zugedeckt kurz ruhen lassen.

Cevapcici mit Öl bestreichen und bei mittlerer Hitze etwa 8 Minuten grillen. Zwischendurch wenden und nochmals mit Öl bestreichen.

Dazu reicht man gehackte Zwiebeln, eingelegte Paprika, nach Belieben auch Krautsalat (Rezept S. 149) und Brot.

Nährwerte pro Portion
Kilokalorien 570, Kilojoule 2410, Eiweiß/g 28, Kohlenhydrate/g 1, Fett/g 47, Ballaststoffe/g 0,6

Griechische Hacksteaks mit gedünsteten Zwiebeln

einfach, Blitzrezept
4 Portionen

- 2 große Zwiebeln
- 2 Knoblauchzehen
- 700 g Lammhackfleisch
- 2 Eier
- 4 EL Semmelbrösel
- 50 g schwarze Oliven ohne Stein
- 100 g Schafskäse
- Salz
- frisch gemahlener Pfeffer
- 1 Messerspitze Cayennepfeffer
- 1 TL Majoran
- 1 TL Paprikapulver, edelsüß
- 2 Bund Frühlingszwiebeln
- 2 EL gesalzene Butter
- 2 EL Öl
- 1 Zitrone

Die Zwiebeln und die Knoblauchzehen abziehen und grob hacken.

In einer Schüssel das Lammhackfleisch mit den Eiern, den Semmelbröseln, den Zwiebeln und dem Knoblauch gut verkneten.

Die Oliven hacken und zu dem Fleischteig geben. Den Schafskäse dazubröckeln. Kräftig mit Salz, Pfeffer, Cayennepfeffer, dem Majoran und dem Paprika würzen und alles gut vermischen.

Die Frühlingszwiebeln putzen und waschen. In einer tiefen Pfanne die Butter zerlassen und die tropfnassen Frühlingszwiebeln darin bei mittlerer Hitze zugedeckt 10 Minuten dünsten. Eventuell etwas Wasser nachgießen.

Aus dem Fleischteig 8 Klopse formen, ein wenig flachdrücken und mit Öl bestreichen.

Die Lammhacksteaks auf beiden Seiten je ca. 4 Minuten grillen. Die Zitrone in 8 Schnitze zerteilen.

Die Lauchzwiebeln, die Hacksteaks und die Zitronenschnitze auf 4 Tellern anrichten.

Nährwerte pro Portion
Kilokalorien 740, Kilojoule 3110, Eiweiß/g 42, Kohlenhydrate/g 14, Fett/g 42, Ballaststoffe/g 2,2

Würzige Frikadellen

einfach, braucht Zeit
zum Einfrieren

4 Portionen

Besonders aromatisch ist die Verbindung von gehacktem Schweine-, Rind- und Lammfleisch. Dem Geschmack zuliebe sollten Sie nicht ganz auf Fett verzichten. Statt dem etwas fetteren Schweinehack kann man feingehacktes Knochenmark vom Rind beimischen.

Das fleischeigene Eiweiß von frischem Hackfleisch bindet bereits. Zusätzlich gibt man 1–2 Eier auf 500 g Fleisch dazu. Als Lockerungsmittel dienen eingeweichte und ausgedrückte Brötchen, Semmelbrösel oder gekochter Reis. In einem Fleischteig mit genügend fettem Schweinehack sind Lockerungsmittel überflüssig.

Zwiebeln, Kräuter, Salz und Pfeffer sind die Grundlagen der Würzung. Für die meisten Gerichte empfiehlt es sich, die gehackten Zwiebeln und Kräuter vorher im Fett anzudünsten. Weitere Gewürze können Senf, Tomatenmark, Paprika, Meerrettich, Knoblauch, Kapern und grüne Pfefferkörner sein. Etwas feingeriebene Zitronenschale rundet ab. Durch das Füllen von Frikadellen sind weitere geschmackliche Variationen möglich: Geeignet sind gewürfelter Käse oder Schweinebauch, Pilze, Oliven oder Dörrpflaumen. Außerdem kann man nach Art der Tournedos Scheiben von magerem Frühstücksspeck um die Frikadellen wickeln.

- 1 Zwiebel
- 1 Knoblauchzehe
- 1 Bund glatte Petersilie
- 1 EL Butter
- 500 g gemischtes Hackfleisch
- 2 Eier
- 2 EL Semmelbrösel
- 1/2 EL Senf
- 1 EL Tomatenketchup
- je 1 Messerspitze geriebene Zitronenschale, Chilipulver, getrockneter Thymian und Oregano
- Salz
- frisch gemahlener schwarzer Pfeffer
- 3 EL Öl

Die Zwiebel und die Knoblauchzehe abziehen und fein hacken. Petersilie waschen, trockenschleudern, die Blättchen abzupfen und ebenfalls sehr fein hacken. Alles in der zerlassenen Butter glasig dünsten.

Das Hackfleisch mit den gedünsteten Zutaten, dem Ei, den Semmelbröseln und allen Gewürzen vermischen und mit den Händen gründlich durchkneten. Die Fleischmasse 5 Minuten ruhen lassen und dann daraus mit nassen Händen Frikadellen formen. Mit Öl bestreichen.

Die Frikadellen bei mittlerer Hitze etwa 4 Minuten auf jeder Seite grillen. Erst wenden, wenn eine Seite braun ist!

Nährwerte pro Portion
Kilokalorien 530, Kilojoule 2230, Eiweiß/g 6, Kohlenhydrate/g 6, Fett/g 43, Ballaststoffe/g 0

Kreolisches Hacksteak

Die Bohnen am Vorabend oder einige Stunden im voraus einweichen.

einfach, braucht Zeit
4 Portionen

- 200 g getrocknete schwarze oder rote Bohnen
- 2 Zwiebeln
- Salz
- 1 Scheibe Weißbrot
- 500 g gemischtes Hackfleisch
- 2 Eier
- 2 frische Chilischoten
- 2 Knoblauchzehen
- 1 Bund frisches Koriandergrün (Cilantro), ersatzweise glatte Petersilie
- Öl
- 4 Bananen
- 2 reife Avocados
- 1 dicke Scheibe frischer Schafskäse
- 2 Limetten

Die Bohnen über Nacht oder mehrere Stunden mit Wasser bedeckt quellen lassen. Dann mit dem Einweichwasser zum Kochen bringen. Die Zwiebeln abziehen, 1 Zwiebel halbieren und eine Hälfte zu den Bohnen geben. Die Bohnen bei schwacher Hitze 1 1/2 Stunden köcheln lassen. 10 Minuten vor Ende der Kochzeit salzen.

Die restlichen Zwiebeln fein hacken. Das Weißbrot in etwas Wasser einweichen. Das Hackfleisch mit den Zwiebeln, dem ausgedrückten Weißbrot und den Eiern vermischen.

Die Chilischoten putzen, die Kerne entfernen und die Schoten fein hacken. Die Knoblauchzehen abziehen und fein hacken. Das Koriandergrün waschen, trockenschütteln und die Blätter hacken. Das Hackfleisch mit Salz, Chilischoten, Knoblauch und Koriandergrün mischen.

Aus dem Fleischteig 4 große, ovale Hacksteaks formen und mit Öl bestreichen. Eine gefettete Grillpfanne erhitzen und die Hacksteaks bei mittlerer Hitze auf jeder Seite 6 Minuten grillen.

Die Bananen schälen, der Länge nach halbieren und in einer zweiten gefetteten Grillpfanne goldgelb braten.

Die Avocado schälen, der Länge nach halbieren und den Stein entfernen. Jede Avocadohälfte diagonal in 1 cm dicke Scheiben schneiden. Die Käsescheibe in 8 Streifen schneiden.

Die Hacksteaks mit dem Bohnengemüse, mit Bananen, Avocado, Käse und Limettenstücken portionsweise anrichten.

Nährwerte pro Portion
Kilokalorien 460, Kilojoule 1930, Eiweiß/g 49, Kohlenhydrate/g 153, Fett/g 73, Ballaststoffe/g 18,9

Gegrillte Rehburger

einfach, zum Einfrieren
4 Portionen

- 1 Zwiebel
- 600 g Rehfleisch aus der Keule
- 2 Eier
- 6 EL Semmelbrösel
- 4 cl Cognac
- 1 TL Majoran
- 1 TL Salbei
- 1 TL Thymian
- Salz
- frisch gemahlener Pfeffer
- 8 Scheiben Frühstücksspeck

Die Zwiebeln abziehen und fein hacken. Das Rehfleisch hacken. In einer Schüssel mit den Eiern, den Semmelbröseln, der Zwiebel, dem Cognac, Majoran, Salbei, Thymian, Piment, Salz und Pfeffer zu einem geschmeidigen Teig verkneten.

Aus dem Fleischteig 8 Kugeln formen und flachdrücken, bis sie ca. 3 cm dick sind. Jedes Stück mit 2 Scheiben Speck umwickeln und mit Zahnstochern feststecken.

Die Rehburger auf jeder Seite 3–4 Minuten grillen.

Mit Preiselbeerkompott servieren. Dazu schmecken Herzoginkartoffeln oder Spätzle.

Nährwerte pro Portion
Kilokalorien 460, Kilojoule 1930, Eiweiß/g 42, Kohlenhydrate/g 13, Fett/g 22, Ballaststoffe/g 1,2

Amerikanische Hamburger

einfach,
4 Portionen

- 4 Scheiben Toastbrot
- 1 Ei
- 2 EL Ketchup
- 1 TL mittelscharfer Senf
- 1/2 TL Zwiebelpulver
- 1 Messerspitze Knoblauchpulver
- Salz
- Pfeffer
- 500 g Rinderhack
- 1 Fleischtomate
- 1 Gemüsezwiebel
- 2 EL Öl
- 4 Scheiben Frühstücksspeck
- 4 Hamburger-Brötchen
- 4 Scheiben Edamer Käse
- 4 Scheiben Pfeffer- oder Paprikakäse
- 4 Blätter grüner Salat

Die Rinde vom Toastbrot entfernen. Das Toastbrot in kleine Würfel schneiden.

Das Ei mit dem Ketchup, dem Senf, Zwiebel- und Knoblauchpulver, Salz und wenig Pfeffer verquirlen.

In einer Schüssel das Rinderhack mit dem Brot und dem gewürzten Ei gut vermischen.

Die Tomate waschen und abtrocknen.

Die Zwiebel abziehen. Tomate und Zwiebel in Scheiben schneiden und zugedeckt beiseite stellen.

Aus dem Fleischteig 4 ca. 2 cm dicke Frikadellen formen und mit Öl bestreichen.

Die Hamburger auf beiden Seiten bei mittlerer Hitze jeweils 4 Minuten grillen.

Die Frühstücksspeckscheiben halbieren. Wenn die Hamburger gewendet sind, den Frühstücksspeck ebenfalls grillen.

Die Brötchen aufschneiden.

Auf jeden Hamburger 1 Scheibe Edamer und 1 Scheibe Pfefferkäse legen. Im vorgeheizten Backofen bei 275°C die Brötchenhälften und die Hamburger einige Minuten backen, bis der Käse zu schmelzen beginnt.

Jeweils 1 Salatblatt auf die untere Brötchenhälfte legen, darauf 1 oder 2 Tomaten- und Zwiebelscheiben, 1 Hamburger mit Käse, 2 Stücke gebratenen Speck und abschließend die obere Brötchenhälfte.

Nährwerte pro Portion
Kilokalorien 910, Kilojoule 3800, Eiweiß/g 50, Kohlenhydrate/g 32, Fett/g 59, Ballaststoffe/g 3,3

Lammhackspieße mit Käse

einfach, braucht Zeit
4 Portionen

- 1 altbackenes Brötchen
- 3 kleine Zwiebeln
- 1 Knoblauchzehe
- 400 g Lammhackfleisch
- 1 Ei
- Salz
- frisch gemahlener schwarzer Pfeffer
- 100 g Schafskäse
- 1 rote Paprikaschote
- 1 grüne Paprikaschote
- Öl zum Grillen

Das Brötchen entrinden, in dünne Scheiben schneiden, mit heißem Wasser übergießen und 10 Minuten quellen lassen.

Die Zwiebeln und die Knoblauchzehe abziehen. 1 Zwiebel und den Knoblauch pressen oder die Zwiebel sehr fein reiben.

Das Lammhackfleisch mit dem ausgedrückten Brötchen, Ei, Zwiebel, dem Knoblauch, Salz und Pfeffer gut vermischen und von Hand kneten. Mit nassen Händen aus dem Teig 12 Klößchen formen.

Den Schafskäse in 12 Würfel schneiden und in die Klößchen hineinstecken.

Die Paprikaschoten waschen, halbieren und entkernen. Die Paprika in mundgerechte Stücke schneiden, die restlichen Zwiebeln vierteln.

4 Grillspieße jeweils mit 3 Fleischklößchen, 2 Zwiebelvierteln und Paprikastücken abwechselnd bestecken und mit Öl bestreichen. Eine gefettete Grillpfanne erhitzen und die Lammhackspieße bei mittlerer Hitze etwa 12 Minuten grillen.

Nährwerte pro Portion
Kilokalorien 580, Kilojoule 2440, Eiweiß/g 25
Kohlenhydrate/g 9, Fett/g 49, Ballaststoffe/g 3,1

Indische Lammhackspieße vom Grill

einfach, braucht Zeit

4 Portionen

- 2 kleine Pellkartoffeln
- 500 g Lammhackfleisch
- 1 Zwiebel
- 1 frische grüne Chilischote
- 1/2 Bund glatte Petersilie
- 30 g gemahlene Mandeln
- 1 TL Ingwerpulver
- Salz
- 1 TL gemahlener Kreuzkümmel
- 1 TL gemahlener Koriander
- 1 Messerspitze gemahlener Kardamom
- 1 Messerspitze Cayennepfeffer
- 50 g Kichererbsenmehl
- Öl zum Grillen

Die geschälten Pellkartoffeln durch eine Kartoffelpresse drücken. In einer Schüssel das Lammhackfleisch und die Kartoffeln mischen. Die Zwiebel abziehen und auf der Küchenreibe zum Fleisch reiben.

Die Chilischote halbieren und das Kerngehäuse entfernen. Die Petersilie waschen und trockenschütteln. Chilischote und Petersilie fein hacken. Beides zum Fleisch geben. Mit den Mandeln, Ingwer, Kreuzkümmel, Koriander, Kardamom, Cayennepfeffer und Salz kräftig würzen und alles zu einem glatten Teig verarbeiten.

Mit nassen Händen zu pflaumengroßen Klößchen formen, im Kichererbsenmehl wenden und je 3 Klößchen auf einen Holzspieß stecken. Im Kühlschrank 30 Minuten ruhen lassen.

Den Infragrill im Backofen vorheizen. Ein Backblech mit Alufolie auslegen und mit Öl bestreichen. Die Spieße darauflegen und die Klößchen gut ölen. Auf der mittleren Einschubleiste 3 Minuten grillen, dann wenden und weitere 2–3 Minuten grillen.

Die Klößchen mit Joghurt und frischem Mango-Chutney (Rezept S. 141) servieren.

Nährwerte pro Portion
Kilokalorien 530, Kilojoule 2240, Eiweiß/g 28
Kohlenhydrate/g 15, Fett/g 36, Ballaststoffe/g 4,5

Würstlspieße mit Bananen

einfach, Blitzrezept
4 Portionen

- 4 kleine Kalbsbratwürste
- 2 Bananen
- 1 Zucchino
- 150 g durchwachsener Speck in ca. 1,5 cm dicken Scheiben
- 8 Nürnberger Bratwürstchen
- Öl zum Bestreichen

Die Kalbsbratwürste halbieren. Die Bananen schälen, Bananen und Speckscheiben in etwa 4 cm große Stücke schneiden.

Den Zucchino waschen, putzen und in daumendicke Scheiben schneiden.

Abwechselnd Kalbsbratwürste, Speck, Bananen, Zucchino und Nürnberger Bratwürstchen auf 4 Spieße stecken. Die Spieße mit etwas Öl bestreichen und auf dem Rost bei mittlerer Hitze 8–10 Minuten grillen, dabei mehrmals wenden.

Nährwerte pro Portion
Kilokalorien 620, Kilojoule 2590, Eiweiß/g 23, Kohlenhydrate/g 11, Fett/g 53, Ballaststoffe/g 1,1

Kunterbunte Grillspieße

einfach, Blitzrezept
6 Portionen

- 1 Apfel, ungeschält
- 6 Aprikosen
- 1 rote Paprikaschote
- 12 Cocktailtomaten
- 1 Zucchino
- 1 gekochter Maiskolben
- 12 Nürnberger Rostbratwürstchen

Lammhackbällchen

- 1 Brötchen vom Vortag
- 3 kleine weiße oder rote Zwiebeln
- 1 Knoblauchzehe
- 200 g Lammhackfleisch
- 1 Ei
- Salz
- frisch gemahlener schwarzer Pfeffer
- 150 g Gouda am Stück
- Sojaöl zum Bestreichen

Den Apfel und die Aprikosen waschen, halbieren und entkernen. Das Obst in Spalten schneiden. Die Paprikaschote waschen, halbieren, entkernen und in mundgerechte Stücke schneiden.

Die Tomaten und den Zucchino waschen, Zucchino und Maiskolben in nicht zu dünne Scheiben schneiden.

Für die Lammhackbällchen das Brötchen 5 Minuten in lauwarmem Wasser einweichen und gut ausdrücken. Die Zwiebeln abziehen, 1 Zwiebel fein würfeln, die übrigen vierteln. Die Knoblauchzehe abziehen und zerdrücken.

Lammhackfleisch, ausgedrücktes Brötchen, Ei und gehackte Zwiebel gründlich vermischen. Mit Salz, Pfeffer und Knoblauch würzig abschmecken.

Den Käse in 12 Stückchen schneiden. Aus dem Hackfleischteig 12 Klößchen formen, dabei jeweils ein Stück Käse in die Mitte drücken.

Abwechselnd Obst, Fleischbällchen, Gemüse und Würstchen auf 12 Spieße stecken und ca. 8–10 Minuten grillen.

Nährwerte pro Portion
Kilokalorien 640, Kilojoule 2690, Eiweiß/g 47, Kohlenhydrate/g 20, Fett/g 41, Ballaststoffe/g 4,4

Hot Dogs mit Grillwürstchen

einfach, Blitzrezept
4 Portionen

- 4 Kalbsbratwürste, gebrüht
- Öl zum Bestreichen
- 4 längliche Brötchen
- 2 TL Senf
- 2 TL Ketchup

Die Würste an einem Ende kreuzweise etwa 2,5 cm tief einschneiden, mit etwas Öl bestreichen und auf dem Rost bei mittlerer Hitze 5 Minuten grillen, dabei mehrmals wenden.

In die Brötchen der Länge nach Löcher bohren und etwas aushöhlen. Senf und Ketchup hineintropfen und die Würstchen in die Brötchen stecken.

Nährwerte pro Portion
Kilokalorien 410, Kilojoule 1740, Eiweiß/g 18, Kohlenhydrate/g 27, Fett/g 27, Ballaststoffe/g 1,6

Grillwürste

einfach, Blitzrezept
4 Portionen

- 3 EL Öl
- Saft von 1 Zitrone
- Salz
- Pfeffer
- 1/2 TL Paprikapulver, edelsüß
- 4 große Bratwürste
- 4 Kalbsbratwürstchen, gebrüht
- 2 Bratwurstschnecken à 200 g
- 8 Nürnberger Bratwürste

Das Öl mit dem Zitronensaft, Salz, Pfeffer und Paprikapulver gut verrühren. Die Würste damit bestreichen und je nach Größe 8–12 Minuten bei großer Hitze grillen.

Aus den Kalbsbratwürstchen werden „Zauberwürste", wenn man sie an beiden Enden 2,5 cm tief übers Kreuz einschneidet.

Alle dicken, fetten Würste nach 4 Minuten Grillzeit mit der Gabel ein paarmal einstechen, damit das Fett ablaufen kann. Während des Grillens die Würste mehrmals wenden und mit dem Öl bestreichen.

Grillwürste schmecken nur frisch vom Grill und sehr heiß. Deshalb die Würste erst grillen, wenn alle Gäste eingetroffen sind.

Hübsch dazu sind bunte Gemüsestücke, die mitgegrillt werden.

Nährwerte pro Portion
Kilokalorien 950, Kilojoule 4000, Eiweiß/g 32, Kohlenhydrate/g 92, Fett/g 2, Ballaststoffe/g 0,1

Geflügel, fein gewürz

und knusprig gegrillt

Wachteln kommen heutzutage nicht mehr aus freier Wildbahn, sondern werden wie Hühner gezüchtet. Das verändert ihr Fleisch in Farbe und Geschmack. Es ist heller und neutraler, aber immer zart.

Wachtelspieß nach Försterart

einfach
4 Portionen

- 8 Scheiben Toastbrot
- 3 Scheiben geräucherter Schweinebauch, je 1 cm dick
- 4 Wachteln
- Salz
- frisch gemahlener Pfeffer
- etwa 30 junge Tannen- oder Fichtentriebe
- Öl
- 1/2 TL Paprikapulver
- 500 g Schalotten
- 2 EL Butter
- 200 ml Weißwein
- 2 EL heller, flüssiger Honig

Die Rinde von den Toastbrotscheiben großzügig abschneiden. Die Schweinebauchscheiben je nach Größe halbieren oder quer in 3 Stücke schneiden.

Die Wachteln waschen und innen und außen trockentupfen. Rundherum mit Salz und Pfeffer würzen. 16 Tannentriebe mit einem Messerrücken leicht quetschen und jede Wachtel mit 4 Trieben füllen. Die Flügel auf den Rücken legen und die Keulen mit Küchengarn über den Bauch gekreuzt fest zusammenbinden.

Auf einen langen oder auf 2 Grillspieße abwechselnd Brot, Schweinebauch, Wachtel, Schweinebauch und wieder Brot stecken und fest aneinander drücken. Die Halterung an beiden Spießenden befestigen.

2 Eßlöffel Öl mit dem Paprikapulver verrühren und die Wachteln damit einstreichen.

Den Grill vorheizen. Alle Zutaten mit Öl bestreichen und den Spieß bei mittlerer Hitze etwa 20 Minuten grillen. Die Wachteln zur Garprobe anstechen: Das Fleisch ist gar, wenn der austretende Saft klar ist.

Für das Schalottengemüse die Zwiebelchen abziehen und je nach Größe halbieren oder vierteln. Die Butter in einer Kasserolle aufschäumen lassen und die Schalotten rundherum anbraten. Mit Salz und Pfeffer würzen und mit dem Weißwein ablöschen. Einige Minuten weitergaren, bis die Schalotten weich sind. Dann den Honig und die restlichen Tannentriebe einrühren.

Die gegarten Wachteln vom Spieß nehmen und auf ihren Brot- und Speckscheiben anrichten. Das Schalottengemüse dazugeben und sofort servieren.

Nährwerte pro Portion
Kilokalorien 760, Kilojoule 3200, Eiweiß/g 36, Kohlenhydrate/g 49, Fett/g 37, Ballaststoffe/g 5

Gegrilltes Brathähnchen, mit Kräutern gefüllt

einfach, braucht Zeit
4 Portionen

- 2 Brathähnchen à 1 kg
- Salz
- 1 Bund glatte Petersilie
- 4 Zweige Oregano
- 4 Zweige Thymian
- 60 g Kräuterbutter
- 6 EL Öl
- frisch gemahlener Pfeffer
- 1/2 EL Paprikapulver, edelsüß

Die Hähnchen waschen, trockentupfen und innen und außen mit Salz einreiben.

Die Kräuter waschen, trockenschütteln und mit der Kräuterbutter in die Bauchhöhlen der Hähnchen geben. Die Hähnchenkeulen und -flügel mit Grillnadeln feststecken oder mit Küchengarn festbinden.

Das Öl mit Pfeffer und Paprikapulver verrühren. Die Hähnchen mit dem Öl bestreichen und auf einen Drehspieß stecken. In mittlerer Höhe etwa 1 Stunde bei guter Hitze grillen. Während des Grillens mehrmals mit dem Öl bestreichen.

Dazu schmecken frische Blattsalate (Rezept S. 147) oder marinierte Gemüse und gewürztes Brot.

Nährwerte pro Portion
Kilokalorien 840, Kilojoule 3540, Eiweiß/g 56, Kohlenhydrate/g 0, Fett/g 63, Ballaststoffe/g 0,1

Stubenküken vom Grill

Stubenküken 1 Stunde marinieren

einfach
4 Portionen

- 2 Stubenküken, je etwa 800 g
- Salz
- frisch gemahlener Pfeffer
- 1 Messerspitze Cayennepfeffer
- abgeriebene Schale und Saft von 1 Zitrone
- 100 ml Olivenöl

Die Stubenküken waschen, trockentupfen und mit der Geflügelschere nur entlang des Rückgrats durchschneiden. Stubenküken auseinanderklappen und mit der Hautseite nach oben auf ein Brett legen. Mit einem Nudelholz die Stubenküken flachdrücken und in eine Schale legen.

Für die Marinade Salz, Pfeffer, Cayennepfeffer, Zitronenschale und -saft sowie Olivenöl gut verrühren und über die Kükenteile geben. 1 Stunde in der Marinade ziehen lassen, dabei mindestens einmal wenden.

Vor dem Grillen die Kükenteile aus der Marinade heben und jedes Stubenküken auf 2 Grillspieße stecken: Einen Grillspieß parallel zum Brustbein durch das Fleisch stecken, den zweiten im rechten Winkel dazu von Keule zu Keule, so daß sich die Spieße kreuzen. Bei mittlerer Hitze auf jeder Seite 15–20 Minuten grillen, dabei gelegentlich mit Marinade bestreichen. Die Stubenküken mit einem Spieß anstechen. Wenn klarer Fleischsaft austritt, sind sie gar. Vor dem Servieren die Grillspieße entfernen und die Stubenküken an der Brust durchschneiden.

Dazu Bruschetta (Rezept S. 108) und Peperonata (Rezept S. 144) reichen. Praktisch ist es, die gewürzten Weißbrotscheiben aufzuspießen und mitzugrillen.

Nährwerte pro Portion
Kilokalorien 430, Kilojoule 1800, Eiweiß/g 31, Kohlenhydrate/g 33, Fett/g 2, Ballaststoffe/g 0,1

Barbecue-Hühnerflügel

6–8 Stunden marinieren

einfach, braucht Zeit
4 Portionen

- 1 kg Hühnerflügel
- 6 EL Chilisauce (Fertigprodukt)
- 3 EL Sojasauce
- 4 EL Honig
- Saft von 1 Limette
- 2 große Knoblauchzehen
- 4 getrocknete rote Chilischoten
- 1 TL Salz
- 1 TL Paprikapulver, edelsüß
- 1/2 TL Ingwerpulver

Die Hühnerflügel waschen und mit Küchenpapier trockentupfen.

Chili- und Sojasauce, Honig und Limettensaft in einer kleinen Schüssel gut verrühren. Die Knoblauchzehen abziehen und mit einer Knoblauchpresse zur Sauce drücken.

Die Chilischoten im Mörser zerstoßen. Mit Salz, Paprika- und Ingwerpulver mischen und unter die Sauce rühren.

Die Hühnerflügel in eine Glas- oder Porzellanschüssel legen und mit der Barbecuesauce übergießen. Schüssel abdecken und für mindestens 6 Stunden zum Marinieren in den Kühlschrank stellen.

Den Backofen auf 220°C vorheizen.

Die Hühnerflügel aus der Marinade heben, nebeneinander in 4 kleine feuerfeste Schalen legen und die Barbecuesauce darüber verteilen.

Auf der mittleren Schiene im Backofen bei 220°C ca. 35 Minuten backen. Falls die Flügelspitzen zu dunkel werden, Alufolie locker darüber legen.

In den Schalen mit frischem Weißbrot servieren.

Nährwerte pro Portion
Kilokalorien 540, Kilojoule 2250, Eiweiß/g 31, Kohlenhydrate/g 21, Fett/g 33, Ballaststoffe/g 1,4

Geflügelleber-spieße

einfach
2 Portionen

- 125 g kleine Grillzwiebeln oder Schalotten
- 300 g Geflügelleber
- 75 g durchwachsener Räucherspeck
- 2 EL Olivenöl
- Salz
- frisch gemahlener Pfeffer

Die Zwiebeln schälen, einige Minuten in kochendem Wasser blanchieren und gut abtropfen lassen. Die Leber waschen, trokkentupfen und mundgerecht würfeln, den Speck in Stücke schneiden. Alle Zutaten abwechselnd auf Spieße reihen.

Das Öl in einer Grillpfanne erhitzen, die Spieße darin rundherum etwa 10 Minuten braten. Kurz vor Ende der Garzeit salzen und pfeffern.

Mit Kartoffelpüree und Brunnenkresse anrichten.

Nährwerte pro Portion
Kilokalorien 400, Kilojoule 1700, Eiweiß/g 38, Kohlenhydrate/g 24, Fett/g 12, Ballaststoffe/g 3

Hähnchen-Saté

Hähnchenfleisch über Nacht marinieren

einfach, braucht Zeit
4 Portionen

- 2 große Knoblauchzehen
- 1 TL Salz
- 2 EL Öl
- 100 g Kokoscreme
- Saft von 1 Orange
- 1/2 TL gemahlener Ingwer
- 1 TL Curry
- 1/2 TL Kardamom
- 1/2 TL Cayennepfeffer
- 75 g gemahlene, geröste Erdnüsse
- 4 Hühnerbrustfilets, ca. 500 g
- 1 Mango
- 2 EL Kokosflocken
- 2 Limetten

Die Knoblauchzehen abziehen und im Mörser mit dem Salz zerdrücken, dann das Öl einrühren. Die Kokoscreme mit dem Orangensaft erhitzen, das Knoblauchöl, Ingwer, Curry, Kardamom, Cayennepfeffer und Erdnüsse untermischen und die heiße Marinade vom Herd nehmen.

Die Hühnerbrustfilets waschen, trockentupfen und in etwa 2,5 cm große Würfel schneiden. Das Hühnerfleisch in eine Schüssel legen, mit der Marinade übergießen, mehrmals darin wenden und zugedeckt im Kühlschrank über Nacht ziehen lassen.

Vor dem Grillen die Fleischstücke aus der Marinade heben und gut abtropfen lassen. Auf 8 kleine Grillspieße stecken und bei mittlerer Hitze etwa 10 Minuten grillen, während dieser Zeit mehrmals wenden.

Inzwischen die Mango schälen und in Spalten schneiden. Die Kokosflocken in einer trockenen Pfanne goldgelb rösten. Die Limetten in Spalten schneiden.

Die Marinade mit 4 Eßlöffel Wasser verrühren und 2 Minuten kräftig durchkochen.

Die fertigen Spieße mit den Kokosflocken bestreuen, mit Mango und Limetten anrichten und die Marinade als Sauce dazu reichen.

Nährwerte pro Portion
Kilokalorien 470, Kilojoule 1980, Eiweiß/g 36, Kohlenhydrate/g 22, Fett/g 26, Ballaststoffe/g 4,5

Die Tandoori-Gewürzmischungen sind durch Lebensmittelfarbe kräftig rot. Nach EG-Bestimmung muß die Lebensmittelfarbe entfallen, aber dann ist das Tandoori kein Tandoori mehr. Es gibt Asienläden, die die Originalgewürze führen, so wie sie Millionen von Indern täglich verwenden.

Indisches Tandoori-Huhn

Die Marinade sollte mindestens 6, besser aber 24 Stunden in das Fleisch einziehen können.

einfach, braucht Zeit, zum Einfrieren
4 Portionen

- 1,2 kg Hähnchenkeulen
- Salz
- Saft von 1 großen Zitrone
- 1 kleine Zwiebel
- 2 Knoblauchzehen
- 1 haselnußgroßes Stück frischer Ingwer
- 1 frische Chilischote
- 2 TL Garam Masala
- 2 EL Tandoori-Paste
- 2 EL Tandoori-Masala (Gewürzmischung)
- 3 Becher (450 g) Vollmilchjoghurt
- Limettenschnitze zum Garnieren

Die Hähnchenkeulen waschen, abtrocknen und in Ober- und Unterkeulen teilen. Jedes Stück 3–4mal der Länge nach einschlitzen. Mit Salz und Zitronensaft massieren und gut in die Schlitze reiben. Ruhen lassen.

Zwiebel und Knoblauch abziehen und den Ingwer schälen. Zwiebel klein würfeln, Knoblauch durchpressen, Ingwer in dünne Scheiben schneiden. Die Chilischote putzen, aufschlitzen, die Kernchen herauswaschen, die Schote in feine Streifen schneiden. Alles mit Gewürzen und Joghurt gründlich verrühren.

Hühnerteile damit einreiben (Gummihandschuhe anziehen!) und samt der restlichen Paste in eine tiefe Schüssel legen. Zugedeckt in den Kühlschrank stellen, mindestens 6, besser 24 Stunden durchziehen lassen.

Ein Backblech mit Alufolie auslegen und mit Öl bestreichen.

Die Keulen aus der Marinade nehmen, möglichst viel Marinade abschütteln. Die Teile auf das Backblech legen und im vorgeheizten Backofen bei 250°C auf der mittleren Schiene 15 Minuten backen.

Den Grill zuschalten und die Keulen insgesamt noch 6 Minuten grillen, dabei einmal wenden. Mit Limetten reichen.

Nährwerte pro Portion
Kilokalorien 360, Kilojoule 1500, Eiweiß/g 47, Kohlenhydrate/g 16, Fett/g 11, Ballaststoffe/g 1

Marinierte Hähnchenkeulen

Mindestens 2 Stunden marinieren

einfach, braucht Zeit zum Einfrieren

4 Portionen

- 1 Schalotte
- 2 Knoblauchzehen
- je 1 TL Salz, Zucker, Kurkuma-, Chili- und Ingwerpulver
- 1 EL Zitronensaft
- Öl
- 8 Hähnchenunterkeulen

Die Schalotte und die Knoblauchzehen abziehen und pressen. Das Mus mit den Gewürzen, Zitronensaft und 2 Eßlöffel Öl verrühren.

Die Hähnchenkeulen waschen und trockentupfen. Haut und Sehnen rund um das untere Knochenende einschneiden und mit einem Messerchen dem Knochen entlang etwas nach oben schieben. So kann sich das Fleisch beim Braten besser zusammenziehen, und die Keule bekommt eine hübsche Form. Jede Keule 4mal der Länge nach einschneiden, mit der Marinade bestreichen und die Würzung besonders gut in die Schlitze massieren. Die Hähnchenkeulen mit Folie abdecken und mindestens 2 Stunden marinieren lassen.

Eine Grillpfanne mit Öl bestreichen, stark erhitzen und die Hähnchenkeulen auf beiden Seiten scharf anbraten. Dann die Hitze reduzieren und die Keulen insgesamt etwa 15 Minuten rösten. Zur Garprobe anstechen: Das Fleisch ist gar, wenn der austretende Saft klar ist.

Die Hähnchenkeulen mit einer scharfen süßsauren Sauce servieren.

Nährwerte pro Portion
Kilokalorien 140, Kilojoule 590, Eiweiß/g 26, Kohlenhydrate/g 4, Fett/g 1, Ballaststoffe/g 0,2

Tip

Die Keulen können auch auf einem gut geölten Rost gegrillt werden, oder man gart sie auf einem Backblech im vorgeheizten Backofen bei 250°C auf der mittleren Schiene. Nach 15 Minuten den Infragrill zuschalten, bis das Hähnchenfleisch rundherum appetitlich braun ist.

2 Keulen pro Portion sind eine Vorspeise. Zusammen mit den burmesischen Geflügelspießen, Seite 80, können die Hähnchenkeulen als Hauptgericht serviert werden.

Tip

Zusammen mit den marinierten Hähnchenkeulen, Seite 79, ergeben die burmesischen Geflügelspieße ein Hauptgericht.

Burmesische Geflügelspieße

einfach, braucht Zeit
4 Portionen

- 3 halbe Hühnerbrüste ohne Knochen
- 12 Hühnerherzen
- 4 Hühnerlebern
- 12 gekochte Wachteleier aus dem Glas
- 1–2 Knoblauchzehen
- 1 TL Korianderpulver
- 1/2 TL Chilipulver
- 1 Messerspitze Salz
- 2 EL helle Sojasauce
- Öl

Das Hühnerfleisch waschen, trockentupfen und von Haut und Fett befreien. Eine Brusthälfte in Würfel schneiden, die in der Größe zu den Hühnerherzen passen. Die anderen beiden Brusthälften der Länge nach in jeweils 6 Streifen schneiden.

Hühnerherzen und -lebern waschen, trockentupfen und putzen. Die Lebern halbieren. Die gekochten Wachteleier abtropfen lassen und auf Küchenpapier trocknen. Die Hühnerbruststreifen der Länge nach auf dünne Holzspieße stecken (siehe Abbildung). Auf weitere Holzspieße abwechselnd Hühnerherzen, gewürfelte Hühnerbrust und halbe Leberstücke stecken. Je 6 gekochte Wachteleier aufspießen.

Den Knoblauch abziehen und pressen. Mit Koriander, Chilipulver, Salz und Sojasauce verrühren und 1 Eßlöffel Öl zugeben. Die Spieße mit der Marinade rundherum bestreichen und 30 Minuten ruhen lassen. In dieser Zeit mindestens einmal wenden.

2 Grillpfannen mit Öl bestreichen und stark erhitzen. Zunächst die gemischten Innereienspieße rundherum scharf anbraten, dann die Hühnerbrustspieße anbraten. Die Hitze zurückschalten und die Wachteleierspieße einlegen. Alle Spieße mit der restlichen Marinade und etwas Öl betupfen und noch 5 Minuten rösten.

Die Geflügelspieße können auch auf einem Grill zubereitet werden.

Eine süßsaure Sauce dazu reichen.

Nährwerte pro Portion
Kilokalorien 290, Kilojoule 1200, Eiweiß/g 34, Kohlenhydrate/g 16, Fett/g 1,6, Ballaststoffe/g 0

Putenkebab mit Ananas

Putenfleisch 3 Stunden marinieren

einfach
4 Portionen

- 2 große Knoblauchzehen
- 1/2 TL Salz
- 1 Messerspitze Cayennepfeffer
- 2 EL Erdnußöl
- 2 EL süße Sojasauce
- 2 EL trockener Sherry
- 2 TL rote Bohnenpaste
- 500 g Putenbrust
- 1/2 frische Ananas

Die Knoblauchzehen abziehen, im Mörser mit dem Salz und dem Cayennepfeffer zerdrücken und das Öl einarbeiten. Das Knoblauchöl mit der Sojasauce, dem Sherry und der Bohnenpaste verrühren.

Die Putenbrust waschen, trockentupfen und in ca. 2,5 cm große Würfel schneiden. Das Putenfleisch in eine Schüssel legen, die Marinade darüber gießen und das Fleisch mehrmals darin wenden. Zugedeckt im Kühlschrank 3 Stunden marinieren. Die Ananas schälen, vierteln und den Strunk entfernen. Das Fruchtfleisch ebenfalls in etwa 2,5 cm große Stücke schneiden. Das Putenfleisch aus der Marinade heben, gut abtropfen lassen und mit den Ananasstücken abwechselnd auf 4 Grillspieße stecken.

Bei mittlerer Hitze 15 Minuten grillen, dabei mehrmals wenden und mit etwas Marinade bestreichen.

Zu Putenkebab schmeckt Mango-Chutney (Rezept S. 141).

Nährwerte pro Portion
Kilokalorien 240, Kilojoule 1010, Eiweiß/g 31, Kohlenhydrate/g 10, Fett/g 8, Ballaststoffe/g 1,5

Putensteaks mit kalter Olivensauce

einfach, Blitzrezept
4 Portionen

- 4 Zweige Basilikum
- 2 große Knoblauchzehen
- 100 g schwarze Oliven ohne Stein
- 75 g Pinienkerne
- 1 EL Kapern
- 2 EL Balsamico-Essig
- 100 ml Olivenöl
- 6 cl Weinbrand
- 1 EL Crème fraîche
- Salz
- frisch gemahlener Pfeffer
- 1 Messerspitze Cayennepfeffer
- 4 Putenbruststeaks à 200 g
- Kräuter-Pfeffer-Öl zum Bestreichen

Das Basilikum waschen, trockenschütteln und die Blättchen abzupfen. Die Knoblauchzehen abziehen.

Basilikum, Knoblauch, Oliven, Pinienkerne, Kapern, Essig, Olivenöl und Weinbrand im Mixer pürieren. Die Sauce mit Crème fraîche, Salz, Pfeffer und Cayennepfeffer würzig abschmecken.

Die Putensteaks waschen, trockentupfen und mit der Hand flachdrücken. Die Steaks mit dem Kräuter-Pfeffer-Öl bestreichen und auf dem heißen, geölten Grill auf jeder Seite 3–4 Minuten grillen.

Immer wieder mit Öl bestreichen und zuletzt leicht salzen.

Die Olivensauce getrennt zu den Steaks reichen.

Mit Baguette und Blattsalaten (Rezept S. 147) servieren.

Nährwerte pro Portion
Kilokalorien 710, Kilojoule 2960, Eiweiß/g 54, Kohlenhydrate/g 4, Fett/g 44, Ballaststoffe/g 0,6

Putenherzen am Spieß

einfach, Blitzrezept
4 Portionen

- 16 Putenherzen
- 1/8 l Milch
- 8 kleine Schalotten
- 200 g Frühstücksspeck am Stück
- 8 Champignons
- 2 kleine Zucchini
- 2 EL Öl
- Oregano
- Thymian
- frisch gemahlener Pfeffer
- Salz

Die Putenherzen in eine Schüssel geben und die Milch darüber gießen. 10 Minuten ziehen lassen, danach die Herzen aus der Milch heben und mit Küchenpapier trockentupfen. Die Schalotten abziehen und in kochendem Wasser 2 Minuten blanchieren.

Den Frühstücksspeck in grobe Würfel schneiden. Die Champignons abreiben und die Stiele abschneiden. Die Zucchini putzen, waschen und in nicht zu dünne Scheiben schneiden.

8 Grillspieße abwechselnd mit Putenherzen, Schalotten, Frühstücksspeck, Champignons oder Zucchinischeiben bestecken.

Das Öl mit Oregano, Thymian, Pfeffer und Salz verrühren und die Spieße damit bestreichen.

Die Spieße bei mittlerer Hitze etwa 12 Minuten grillen, zwischendurch wenden und mit dem Grillöl bestreichen. Vor dem Servieren mit frisch gemahlenem Pfeffer würzen.

Nährwerte pro Portion
Kilokalorien 560, Kilojoule 2360, Eiweiß/g 27, Kohlenhydrate/g 3, Fett/g 46, Ballaststoffe/g 1,4

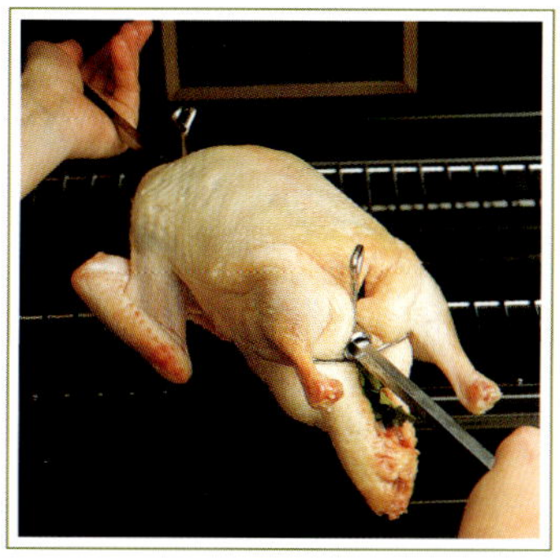

Ente am Spieß

einfach
2 Portionen

- 1 junge Flugente
- Salz
- frisch gemahlener weißer Pfeffer
- Öl

Den Grill vorheizen. Die Ente waschen, trockentupfen und innen und außen mit Salz und Pfeffer würzen.

Auf den Bratspieß stecken. Erst die Klammer am Hals befestigen und dann die Klammer am unteren Ende möglichst fest dagegen schieben, ohne die Keulen zu verletzen. Die Ente dünn mit Öl bestreichen.

Eine Ente von ca. 1,5 kg Gewicht braucht am Spieß unter dem Grill ca. 45 Minuten. Nach dieser Garzeit ist das Brustfleisch sehr saftig und noch schwach rosa. Schon 5–10 Minuten mehr genügen, damit die Ente völlig durchgebraten ist. Nach 30 Minuten die Ente an beiden Seiten 2mal einstechen, damit das Fett abläuft.

Die Beilagen sind zum Beispiel Feldsalat und schwäbischer Kartoffelsalat (Kartoffeln und Salatgurke gemischt, Rezept S. 150).

Nährwerte pro Portion
Kilokalorien 1500, Kilojoule 6280, Eiweiß/g 94, Kohlenhydrate/g 2, Fett/g 112, Ballaststoffe/g 0

Marinierte Entenviertel mit Früchten

Ente 2 Stunden marinieren

einfach, braucht Zeit
4 Portionen

- 1 junge Ente, etwa 1,6 kg
- 1/2 TL Rosenpaprika
- 1/2 TL gemahlener Zimt
- 1/2 TL gemahlener Ingwer
- abgeriebene Schale von 1 Zitrone
- 2 EL Zucker
- 1 TL Salz
- frisch gemahlener Pfeffer
- 3 EL Rotwein
- 4 EL Öl
- 1 Orange
- 1 Apfel
- Öl zum Bestreichen
- 2 EL Rum

Die Ente waschen, trockentupfen und in Viertel zerteilen. Für die Marinade Rosenpaprika, Zimt, Ingwer, Zitronenschale, 1 Eßlöffel Zucker, Salz und Pfeffer mit dem Rotwein verrühren und das Öl untermischen. Die Ententeile in eine Schale legen und mit der Marinade übergießen. 2 Stunden bei Zimmertemperatur ziehen lassen, dabei die Stücke mehrmals in der Marinade wenden.

Vor dem Grillen die Teile aus der Marinade heben und gut abtropfen lassen. Die Entenviertel bei mittlerer Hitze 40–50 Minuten grillen, während dieser Zeit ab und zu umdrehen und mit etwas Marinade bestreichen.

20 Minuten vor Ende der Garzeit die Orange schälen und quer in ca. 1 cm dicke Scheiben schneiden. Das Kerngehäuse des Apfels ausstechen und den ungeschälten Apfel ebenfalls in 1 cm dicke Ringe schneiden. Das Obst in eine geölte Aluschale geben, mit dem restlichen Zucker bestreuen und mit dem Rum beträufeln. Die letzten 12–15 Minuten mit auf den Grill legen.

Nährwerte pro Portion
Kilokalorien 840, Kilojoule 3510, Eiweiß/g 76, Kohlenhydrate/g 14, Fett/g 52, Ballaststoffe/g 1,3

Marinierte Entenbrust mit Pflaumensauce

Die Entenbrust 12 Stunden vorher oder am Vorabend marinieren.

einfach, braucht Zeit
4 Portionen

Entenbrust
- 2 Stück eingelegter Ingwer
- 2 Knoblauchzehen
- 100 ml Sojasauce
- 100 ml trockener Sherry
- 100 g Honig
- 2 Barbarie-Entenbrüste, ca. 700 g
- 2 EL Öl

Pflaumensauce
- 1/2 TL gehackter Ingwer
- 1 Messerspitze zerstoßener Koriander
- 1 Nelke, zerstoßen
- 1 EL Öl
- 2 EL milder Weinessig
- 1 EL Zitronensaft
- 4 EL Pflaumenmus
- 1 Prise Salz
- frisch gemahlener weißer Pfeffer
- 1/2 TL geriebene Orangenschale

Reis
- 50 g Wildreis
- 100 g Naturreis
- Salz
- 1 Zwiebel
- 1 rote Paprikaschote
- 2 Selleriestangen
- 4 EL Öl
- 2 EL Pinienkerne
- frisch gemahlener schwarzer Pfeffer
- frisch geriebene Muskatnuß

Tip

Die Pflaumensauce paßt auch zu anderem gebratenen Geflügel, zu Lamm und Schweinefleisch.

Den eingelegten Ingwer kleinhacken, die Knoblauchzehen halbieren und mit Sojasauce, Sherry und Honig aufkochen. Den Sirup bei schwacher Hitze 10 Minuten köcheln lassen.

Die Entenbrüste in den erkalteten Sirup legen und mindestens 12 Stunden marinieren. Danach aus der Marinade heben und gut trockentupfen.

Das Öl in einer Pfanne erhitzen und die Brüste erst auf der Hautseite, dann auf der Fleischseite insgesamt gut 5 Minuten braten. Jede Brust einzeln in Alufolie wickeln und im vorgeheizten Backofen bei 120°C ca. 20 Minuten ruhen lassen.

Für die Pflaumensauce Ingwer, Koriander und Nelke im heißen Öl kurz angehen lassen. Mit Essig und Zitronensaft löschen. 6 Eßlöffel Marinade und das Pflaumenmus einrühren, schwach salzen und die Gewürze zugeben. Die Sauce auf schwacher Hitze einkochen lassen und dabei bedenken, daß noch etwas Saft von den Entenbrüsten dazukommt.

Den Infragrill vorheizen. Den Fleischsaft aus den Alufolienpäckchen zur Pflaumensauce gießen und die Entenbrüste mit der Hautseite nach oben auf die Folie legen. Mit Marinade bestreichen und so lange unter den Grill stellen, bis sie knusprig braun sind.

Die Entenbrüste zum Anrichten schräg in etwa 1 cm dicke Scheiben schneiden.

Den Wildreis mit kochendheißem Wasser übergießen und 1 Stunde quellen lassen, dann abgießen, spülen und mit dem Naturreis in gesalzenem Wasser ca. 30 Minuten kochen (Garprobe!). Den Reis abgießen, kalt abspülen und gut abtropfen lassen.

Die Zwiebel abziehen und fein hacken. Die Paprikaschote waschen, putzen, entkernen und fein würfeln. Die Selleriestangen abziehen und fein schneiden.

Das Öl in einer schweren Bratpfanne erhitzen. Zwiebel, Paprikaschote und Sellerie 5 Minuten dünsten. Die Pinienkerne zugeben und die Hitze stark erhöhen. Den Reis einrühren und alles einige Minuten unter Rühren braten. Mit Pfeffer, Muskatnuß und Salz abschmecken.

Nährwerte pro Portion
Kilokalorien 910, Kilojoule 3830, Eiweiß/g 37, Kohlenhydrate/g 54, Fett/g 54, Ballaststoffe/g 3,5

Fisch und Meeresfrü

te: Pikantes vom Grill

Tip

Thailändischer Grillfisch kann auch in der Grillpfanne oder auf einem Backblech unter dem Infragrill im Backofen zubereitet werden.

Thailändischer Grillfisch

einfach, Blitzrezept
4 Portionen

- 4 kleine Portionsfische wie Rote Meerbarbe, Brasse oder Barsch, je 200–250 g
- 300 g Seeteufel (Lotte)
- 8 Seppioline (bei größeren Tintenfischen nur 1 pro Portion)
- 4 rohe Riesengarnelen
- 2 Knoblauchzehen
- 2 getrocknete rote Chilischoten
- Saft von 1 Limette
- 1 EL helle Sojasauce
- 1/2 TL Salz
- 6 EL Öl

Die ganzen Fische sollten ausgenommen und geschuppt sein, die Tintenfische ausgenommen und gehäutet. Alle Fische und Meeresfrüchte gründlich waschen und mit Küchenpapier trockentupfen.

Den Seeteufel von allen Häutchen befreien, der Länge nach vierteln und in etwa 12 cm lange Streifen von nicht mehr als 1 cm Stärke schneiden.

Die kleinen Seppioline samt Kopf verwenden oder die Köpfe entfernen und die Säckchen halbieren. Von größeren Tintenfischen nur die Körpersäcke verwenden.

Die Knoblauchzehen abziehen, die Chilischoten entkernen und mit dem Knoblauch fein hacken. Limettensaft, Sojasauce, Salz, Knoblauch und Chili verrühren und 3 Eßlöffel Öl unterschlagen.

Ganze Fische, Seeteufelstreifen, Tintenfische und Garnelen auf dünne Holzspieße stecken (siehe Abbildung). Alles in eine tiefe Platte legen, mit der Marinade bestreichen und 30 Minuten ziehen lassen. Mehrmals wenden.

Zum Grillen die Spieße aus der Marinade heben, mit dem restlichen Öl betupfen und auf dem gut gefetteten Grill bei schwacher Hitze auf beiden Seiten garen. Die Seeteufelspieße brauchen nur 2–3 Minuten, Tintenfische und Garnelen etwa doppelt so lang und die ganzen Fischlein insgesamt 10–12 Minuten.

Gegrillte Fische und Meeresfrüchte sofort servieren und verschiedene thailändische Würzsaucen dazu reichen.

Nährwerte pro Portion
Kilokalorien 360, Kilojoule 1500, Eiweiß/g 35, Kohlenhydrate/g 24, Fett/g 2, Ballaststoffe/g 0,2

Garnelenspieße mit Papaya

einfach, Blitzrezept
4 Portionen

- 16 rohe Riesengarnelen oder Scampi
- 3–4 Knoblauchzehen
- 3–4 kleine rote Chilischoten
- Saft von 2 Limetten
- Salz
- 1 TL Curry
- 1 große grüne Paprikaschote
- 1 feste Papaya
- Öl

Die Garnelen bis auf die Schwanzflosse schälen, am Rücken einritzen und den Darm entfernen. Die Garnelen waschen und trockentupfen.

Den Knoblauch abziehen und fein hakken. Die Chilischoten waschen, putzen, aufschlitzen, die Kernchen entfernen und die Schoten sehr fein hacken. Den Limettensaft mit etwas Salz und Curry verrühren, mit Knoblauch und Chilischoten vermischen und die Garnelen einlegen.

Die Paprikaschote waschen, putzen, der Länge nach halbieren und entkernen. Die Hälften der Länge nach in Streifen schneiden und 3 Minuten in kochendem Salzwasser blanchieren. Abgießen, kalt abschrecken und gut abtropfen lassen.

Die Papaya schälen, der Länge nach halbieren und entkernen. Das Fruchtfleisch der Länge nach in nicht zu dünne Streifen schneiden, damit es am Spieß nicht bricht.

Papaya, Garnelen und Paprikaschote abwechselnd auf Spieße stecken – pro Portion 2 Spieße. Die restliche Marinade mit 4 Eßlöffeln Öl verrühren und über die Spieße verteilen.

Den Infragrill im Backofen vorheizen.

Ein Backblech mit Alufolie auslegen und mit Öl bestreichen. Die Spieße darauflegen, mit Öl beträufeln und auf jeder Seite 3 Minuten grillen.

Nährwerte pro Portion
Kilokalorien 360, Kilojoule 1500, Eiweiß/g 31, Kohlenhydrate/g 6, Fett/g 21, Ballaststoffe/g 2

Garnelenspieß

einfach, braucht Zeit
4 Portionen

- 20 rohe Garnelen
- 3 Knoblauchzehen
- 6 EL Olivenöl
- Salz
- frisch gemahlener schwarzer Pfeffer
- etwas Cayennepfeffer
- 1 TL fein gerebelter Oregano
- 1/2 unbehandelte Zitrone

Die Garnelen vorsichtig waschen, sorgfältig abtrocknen und die Schale an der Oberseite der Länge nach mit der Schere aufschneiden, den Darm entfernen.

Knoblauchzehen abziehen und durch die Presse drücken, mit Olivenöl, Salz, schwarzem Pfeffer, Cayennepfeffer und Oregano verquirlen. Etwas abgeriebene Zitronenschale und Zitronensaft einrühren. Die Garnelen darin 3–4 Stunden marinieren.

Garnelen auf Spieße reihen, auf dem geölten Grill bei mittlerer Hitze oder unter dem Grill im Backofen etwa 10 Minuten grillen und zwischendurch wenden.

Zu diesen würzigen Garnelen schmeckt Sauce Rouille (Rezept S. 136).

Nährwerte pro Portion
Kilokalorien 150, Kilojoule 640, Eiweiß/g 9, Kohlenhydrate/g 1, Fett/g 13, Ballaststoffe/g 0

Gegrillte Garnelen

einfach, Blitzrezept
4 Portionen

- je nach Größe 12–16 rohe Garnelenschwänze
- 2 Knoblauchzehen
- je 1 Messerspitze Salz und Chilipulver
- 4 EL Olivenöl

Die Garnelenschwänze vom Rücken her einschneiden und halbieren, ohne die Unterseite durchzuschneiden. Die Hälften aufklappen und den Darm entfernen.

Knoblauchzehen abziehen und sehr fein hacken oder pressen. Mit Salz, Chilipulver und Öl gründlich verrühren.

Die Garnelenschwänze auf ein Backblech legen und mit der Marinade bestreichen.

Den Infragrill im Backofen vorheizen und die Garnelen auf der zweiten Schiene von oben ca. 5 Minuten grillen. Zur Garprobe eine besonders fleischige Garnele anschneiden. Die Schwänze sollen gegart, aber nicht trocken sein.

Dazu paßt Sauce Rouille (Rezept S. 136) oder Ailloli (Rezept S. 135).

Nährwerte pro Portion
Kilokalorien 130, Kilojoule 530, Eiweiß/g 12, Kohlenhydrate/g 0, Fett/g 9, Ballaststoffe/g 0

In dieser Form gegrillte Garnelen sind eine ideale Zubereitung, wenn man Gäste hat.
Dieses Gericht macht wenig Arbeit, geht schnell und läßt sich auch für viele Portionen sehr gut vorbereiten.

Kabeljaufiletspieße

einfach, Blitzrezept
4 Portionen

- 750 g Kabeljaufilet
- Saft von 1 Zitrone
- 2 EL saure Sahne
- 2 EL Öl
- Salz
- frisch gemahlener weißer Pfeffer
- Öl zum Bestreichen

Das Kabeljaufilet waschen, trockentupfen und in mundgerechte Stücke schneiden.

Den Zitronensaft mit der sauren Sahne, dem Öl, Salz und Pfeffer verrühren.

Die Fischstücke auf 4 Spieße stecken und gründlich mit der Sahne-Öl-Mischung überziehen.

Eine Alu-Grillschale mit Öl ausstreichen und die Spieße hineinlegen.

Die Fischspieße bei mittlerer Hitze 8–10 Minuten grillen, und zwischendurch einmal wenden.

Mit Zitronenspalten und buntem Blattsalat (Rezept S. 147) servieren.

Nährwerte pro Portion
Kilokalorien 250, Kilojoule 1030, Eiweiß/g 33, Kohlenhydrate/g 0, Fett/g 10, Ballaststoffe/g 0

Nach dem Kochen sind die Tintenfische bereits wie Tüten geöffnet – ideal zum Füllen. Sie können auch in der Pfanne gebraten oder geschmort werden.

Gefüllter Tintenfisch vom Grill

einfach
4 Portionen

- 4 mittelgroße Tintenfische à 150 g
- Salz
- 1 Bund glatte Petersilie
- 2 Stengel Basilikum
- 1 Stengel Minze
- 2 Knoblauchzehen
- 1 EL Pinienkerne
- 1 EL Rosinen
- 4 EL gekochter Reis
- 2 Eigelb
- abgeriebene Schale von 1/2 Zitrone
- frisch gemahlener weißer Pfeffer
- Öl zum Bestreichen

Die Tintenfische säubern, dazu die feine Haut abziehen, Kopf, Tintenbeutel und Schulp entfernen. Tintenfische gründlich unter fließendem Wasser waschen und gut abtropfen lassen. Den Kranz mit den Fangarmen vom Kopf abschneiden. Tintenfische samt der Fangarme 10 Minuten in Salzwasser köcheln, dann abschütten und etwas auskühlen lassen.

Die Kräuter waschen und trockenschütteln. Den Knoblauch abziehen. Für die Füllung die Fangarme mit den Kräutern, Knoblauch, Pinienkernen und Rosinen fein hacken. Mit dem Reis und dem Eigelb gut vermengen und mit Zitronenschale, Salz und Pfeffer würzen.

Die Tintenfische damit füllen und mit Zahnstochern zustecken. Mit Öl bestreichen und auf dem Grillrost bei mittlerer Hitze 12–15 Minuten garen, dabei mehrmals wenden und mit Öl bepinseln.

Nährwerte pro Portion
Kilokalorien 240, Kilojoule 1000, Eiweiß/g 23, Kohlenhydrate/g 9, Fett/g 12, Ballaststoffe/g 0,5

Meeresfrüchtespieße

einfach, Blitzrezept
4 Portionen

- 2 Knoblauchzehen
- Salz
- 1 Messerspitze Cayennepfeffer
- Saft von 1/2 Zitrone
- 4 EL Öl
- 16 rohe Garnelenschwänze
- Fleisch von 8 Jakobsmuscheln
- 8 Seppioline (winzige Tintenfische)

Die Knoblauchzehen abziehen und pressen. Mit etwas Salz, Cayennepfeffer und Zitronensaft verrühren. Zuletzt das Olivenöl unterschlagen.

Die Garnelenschwänze schälen und nur die Schwanzflosse stehenlassen. Schwänze am Rücken einritzen und entdarmen. Von den Jakobsmuscheln alle dunklen Stellen wegschneiden, aber den Rogensack am Muschelkörper lassen. Die ausgenommenen, gehäuteten Tintenfische nach Belieben mit oder ohne Kopf verwenden.

Auf 8 Spieße jeweils 1 Garnelenschwanz, 1 Tintenfisch, 1 Jakobsmuschel und wieder 1 Garnelenschwanz stecken. Die Spieße in eine tiefe Platte legen und mit der Marinade überziehen. 30 Minuten marinieren und mehrmals wenden.

Die Spieße in einer gut geölten Grillpfanne bei mittlerer Hitze auf jeder Seite 3–4 Minuten garen und dabei immer wieder mit der restlichen Marinade bestreichen. Oder die Spieße samt Marinade auf Alufolie in ein Backblech legen und unter dem Infragrill im Backofen garen.

Die Meeresfrüchtespieße sofort servieren, eventuell mit frischem Seetang oder Algen garnieren und Ailloli (Rezept S. 135) dazu reichen.

Nährwerte pro Portion
Kilokalorien 270, Kilojoule 1150, Eiweiß/g 25, Kohlenhydrate/g 4, Fett/g 17, Ballaststoffe/g 0

Gegrillte Goldbarschfilets

einfach, Blitzrezept
4 Portionen

- 4 Goldbarschfilets à 250 g
- Salz
- Zitronenpfeffer
- Paprikapulver, edelsüß
- Kräuteröl zum Bestreichen
- 2 Knoblauchzehen

Die Fischfilets waschen, trockentupfen und mit Salz, Zitronenpfeffer und Paprikapulver würzen. Die Filets auf beiden Seiten mit Kräuteröl bestreichen.

Die Knoblauchzehen abziehen und halbieren. Eine große feuerfeste Form mit den Knoblauchzehen ausreiben und mit Kräuteröl fetten.

Die Fischfilets in die Form legen und unter dem vorgeheizten Grill im Backofen 5–6 Minuten garen.

Mit gemischtem Salat und neuen Kartoffeln vom Blech (Rezept S. 115) servieren.

Nährwerte pro Portion
Kilokalorien 350, Kilojoule 1470, Eiweiß/g 45, Kohlenhydrate/g 1, Fett/g 15, Ballaststoffe/g 0

Gegrillte Sardinen

Sardinen 4 Stunden marinieren

einfach, braucht Zeit
4 Portionen

- 1 kg Sardinen
- 2 Knoblauchzehen
- 1 Schalotte
- 6 EL Öl
- 1 TL provenzalische Kräuter
- 1 TL Paprikapulver, edelsüß
- 1 Messerspitze Cayennepfeffer
- grobes Meersalz

Die Sardinen auf der Bauchseite aufschneiden, ausnehmen, unter fließendem Wasser waschen und trockentupfen.

Die Knoblauchzehen und die Schalotte abziehen und fein hacken.

Das Öl mit allen Gewürzen, außer dem Salz, mit Knoblauch und der Schalotte gründlich verrühren. Die Sardinen in eine Schale legen, mit der Ölmarinade begießen und zugedeckt 4 Stunden ziehen lassen, dabei mehrmals wenden.

Die Sardinen aus der Marinade heben, auf den geölten Grill legen und bei mittlerer Hitze auf jeder Seite 2–3 Minuten goldbraun grillen, dabei mit dem Meersalz bestreuen.

Dazu schmeckt Bruschetta (Rezept S. 108).

Nährwerte pro Portion
Kilokalorien 290, Kilojoule 1200, Eiweiß/g 31, Kohlenhydrate/g 0, Fett/g 16, Ballaststoffe/g 0

Gegrillte Thunfischkoteletts

einfach, braucht Zeit
4 Portionen

- 2 frische Thunfischkoteletts à 400 g
- Salz
- frisch gemahlener Pfeffer
- 1/4 l Öl zum Marinieren
- 2 Knoblauchzehen
- 1 Zwiebel
- 2 Lorbeerblätter
- 1 Zweig Rosmarin

Die Thunfischkoteletts waschen, trockentupfen und mit Salz und Pfeffer würzen. In eine flache Schüssel legen und mit dem Öl übergießen. Den Knoblauch und die Zwiebel abziehen und grob hacken. Mit den Lorbeerblättern und dem Rosmarinzweig zum Fisch geben und zugedeckt 1 Stunde ziehen lassen. Mehrmals wenden.

Dann die Fischkoteletts aus der Marinade heben und auf dem Grillrost bei mittlerer Hitze auf jeder Seite etwa 8 Minuten grillen, dabei gelegentlich mit dem Marinadeöl bestreichen.

Als Beilage mit dem Thunfisch Gemüsespieße (S.106) grillen. Zum Fisch schmeckt auch Kalte grüne Sauce (Rezept S. 139).

Nährwerte pro Portion
Kilokalorien 410, Kilojoule 1700, Eiweiß/g 43, Kohlenhydrate/g 0, Fett/g 26, Ballaststoffe/g 0

Thunfisch ist fast so fest wie Kalbfleisch, also zum Grillen bestens geeignet. Je nach Größe des Thunfischs beim Händler können die Koteletts unterschiedlich geschnitten sein.

Gratinierte Fischröllchen

einfach
4 Portionen

- 800 g Fischfilet, z. B. Scholle, Felchen oder Seezunge
- Salz
- Saft von 1 Zitrone
- 1/8 l Weißwein
- 800 ml Fischfond aus dem Glas
- Butter für die Form
- frisch gemahlener Pfeffer
- 1 g Safranpulver
- 35 g Butter
- 20 g Mehl
- 200 g Schlagsahne
- 100 g tiefgekühlte Garnelen
- 50 g Semmelbrösel

Die Fischfilets waschen und trockentupfen. Breite Stücke der Länge nach halbieren. Fisch leicht salzen und mit dem Zitronensaft beträufeln. Kurz ziehen lassen.

Die Filets einzeln mit der Hautseite nach innen aufrollen und mit Zahnstochern feststecken. In einer beschichteten Pfanne den Weißwein und den Fischfond zum Kochen bringen. Den Fisch einlegen und bei kleiner Hitze zugedeckt 10 Minuten ziehen lassen.

Eine ovale feuerfeste Form mit Butter ausstreichen. Die Röllchen aus der Pfanne heben und in die Form legen. Etwas Pfeffer darüber mahlen. Die Garflüssigkeit abseihen und 200 ml davon abmessen. Den Safran damit verrühren.

20 g Butter in einem Topf zerlassen, das Mehl einrühren und anschwitzen. Die Fisch-Safran-Brühe und die Schlagsahne angießen und die Béchamelsauce bei kleiner Hitze 20 Minuten ausquellen lassen.

Die Garnelen in die Sauce geben, kurz darin ziehen lassen.

Die Garnelensauce über die Fischfilets verteilen. Die Semmelbrösel darüberstreuen und die restliche Butter in Flöckchen darauf setzen. Unter dem vorgeheizten Grill etwa 5 Minuten goldbraun gratinieren. Fischfiletröllchen auf vorgewärmten Tellern anrichten.

Als Beilage Wildreis und frischen Blattspinat reichen.

Nährwerte pro Portion
Kilokalorien 520, Kilojoule 2180, Eiweiß/g 49, Kohlenhydrate/g 15, Fett/g 26, Ballaststoffe/g 0,5

Gratinierte Schnecken

einfach, Blitzrezept
2 Portionen

- 150 g weiche Butter
- 50 g Roquefortkäse
- 1 Knoblauchzehe
- 2 TL Weinbrand
- Salz
- frisch gemahlener weißer Pfeffer
- 1 Bund glatte Petersilie
- 2 Dutzend Schnecken aus der Dose
- 2 Dutzend Schneckenhäuser

Die Butter mit dem zerbröckelten Roquefort verrühren. Den Knoblauch abziehen, in die Butter pressen und die Masse mit dem Weinbrand glattrühren. Mit Salz und frisch gemahlenem Pfeffer abschmecken. Die Petersilie waschen und die Blättchen fein hacken. Die Butter mit der Petersilie vermischen.

Die Schnecken spülen und gut abtropfen lassen. In jedes Schneckenhaus etwas Butter geben, eine Schnecke daraufsetzen und die Öffnung mit einem Butterhäufchen schließen.

Die gefüllten Schneckenhäuser in Schneckenpfannen setzen oder in ein Salzbett auf feuerfesten Tellern. Die Schnecken in den auf 200°C vorheizten Backofen stellen und den Grill einschalten. Die Buttermischung während des Gratinierens beobachten, sie darf nicht zu dunkel werden.

Nährwerte pro Portion
Kilokalorien 760, Kilojoule 3160, Eiweiß/g 21, Kohlenhydrate/g 4, Fett/g 70, Ballaststoffe/g 0,2

Fischburger

einfach, Blitzrezept
4 Portionen

- 500 g Fischfilet, z. B. Seelachs
- 1 große Zwiebel
- 1/2 Bund glatte Petersilie
- 2 Eier
- 4 EL Semmelbrösel
- Salz
- frisch gemahlener weißer Pfeffer
- 1 Messerspitze geriebene Muskatnuß
- Öl zum Bestreichen

Das Fischfilet waschen, trockentupfen und zweimal durch die feine Scheibe des Fleischwolfs drehen.

Die Zwiebel abziehen und fein hacken. Die Petersilie waschen, trockenschütteln und ebenfalls hacken.

In einer Schüssel den Fisch mit Zwiebel, Petersilie, Eiern und den Semmelbröseln vermengen und mit Salz, Pfeffer und Muskatnuß würzen.

Aus dem Teig mit nassen Händen 4 Klopse formen und etwas flachdrücken. Die Fischburger mit Öl bestreichen, auf den gut gefetteten Grillrost legen und bei mittlerer Hitze etwa 8 Minuten grillen, zwischendurch wenden und nochmals mit Öl bestreichen.

Nährwerte pro Portion
Kilokalorien 260, Kilojoule 1100, Eiweiß/g 32, Kohlenhydrate/g 9, Fett/g 11, Ballaststoffe/g 0,9

Coquilles St. Jacques sind Jakobsmuscheln. Mit ihrem festen Fleisch eignen sie sich für viele leckere Zubereitungen.

Coquilles St. Jacques

einfach
2 Portionen

- 800 g ganze Jakobsmuscheln (oder 200 g tiefgekühltes Muschelfleisch)

Sud

- 1/8 l Weißwein
- 1 Kräutersträußchen aus:
  1 Zweig Thymian,
  1 Petersilienstengel,
  1 Zweig Estragon
  und etwas Kerbel
- 1 TL Pfefferkörner
- 1/2 TL Salz

Sauce Hollandaise

- 2 Eigelb
- 1 TL Zitronensaft
- 80 g Butter
- Salz
- frisch gemahlener weißer Pfeffer
- 1/2 Bund Petersilie

Muscheln, die bereits vor dem Kochen offen sind, dürfen nicht verwendet werden. Die Muscheln roh aus den Schalen lösen oder 200 g tiefgefrorenes Muschelfleisch verwenden.

Alle Zutaten für den Sud mit 100 ml Wasser 10 Minuten kochen. Die Hitze abschalten und die Muscheln im Sud einige Sekunden zugedeckt pochieren.

Die Muschelschalen unter fließendem kalten Wasser gut bürsten.

Die Muscheln aus dem Sud heben, abtropfen lassen und in 2 besonders tiefe Schalenhälften verteilen.

Die Sauce Hollandaise herstellen. Dafür Eigelb, Zitronensaft und 1 Teelöffel Wasser verquirlen. Die Butter klären und möglichst heiß unter die Eimischung schlagen. Mit Salz und Pfeffer würzen.

Die Petersilie waschen, trockenschütteln, hacken und einrühren. Die Muscheln damit überziehen.

Im vorgeheizten Backofen unter dem Grill 3–4 Minuten gratinieren.

Nährwerte pro Portion
Kilokalorien 410, Kilojoule 1710, Eiweiß/g 11, Kohlenhydrate/g 5, Fett/g 36, Ballaststoffe/g 0

Gratinierte Miesmuscheln

einfach, Blitzrezept
2 Portionen

- 1 kg Miesmuscheln

Sud
- 1/4 l Weißwein
- 1 Lorbeerblatt
- 1 Kräutersträußchen aus: 1 Zweig Thymian, einigen Petersilienstengeln, 1 Zweig Estragon und etwas Kerbel
- 1 Zwiebel, abgezogen
- Pfefferkörner
- Salz

Füllung
- 100 g Semmelbrösel
- 75 ml Weißwein
- 1 Knoblauchzehe
- 25 g weiche Butter
- 1/2 Bund Petersilie, gehackt
- 25 g Pinienkerne oder Mandelstifte
- Salz
- frisch gemahlener weißer Pfeffer

Die Muscheln sorgfältig unter fließendem Wasser bürsten und abkratzen. Die Bärte entfernen.

Alle Zutaten für den Sud aufkochen, die Muscheln darin zugedeckt 5–6 Minuten bei mittlerer Hitze garen. Mehrmals rütteln.

Dann die Muscheln auseinanderbrechen und die Schalenhälften mit dem Fleisch auf eine feuerfeste Platte legen.

Semmelbrösel in Weißwein einweichen.

Die Knoblauchzehe abziehen, fein hacken und mit der Butter schaumig schlagen.

Petersilie, Semmelbrösel und Pinienkerne zugeben, mit Salz und Pfeffer abschmecken.

Die Muscheln mit der Masse bestreichen und im vorgeheizten Backofen unter dem Grill gratinieren.

Nährwerte pro Portion
Kilokalorien 450, Kilojoule 1870, Eiweiß/g 20, Kohlenhydrate/g 41, Fett/g 20, Ballaststoffe/g 3,5

Gegrillte Forellen im Speckmantel

Forellen vom Fischhändler küchenfertig vorbereiten lassen.

einfach, Blitzrezept
4 Portionen

- 4 Forellen à 250 g
- 2 EL Zitronensaft
- Salz
- frisch gemahlener Pfeffer
- 1 Bund gemischte Kräuter, z. B. Petersilie, Kerbel, Estragon
- 100 g Kräuterbutter
- 16 Scheiben Frühstücksspeck
- Öl zum Bestreichen

Die Forellen waschen, trockentupfen, innen und außen mit Zitronensaft beträufeln und mit Salz und Pfeffer würzen.

Die Kräuter waschen, trockenschütteln und mit der Kräuterbutter in die Bauchhöhlen der Fische verteilen. Um jede Forelle 4 Scheiben Frühstücksspeck wickeln und mit Küchengarn festbinden.

Den Grillrost gut einölen und die Forellen auf dem heißen Grill auf jeder Seite etwa 7–8 Minuten grillen.

Mit Knoblauchbaguette und gemischtem Salat servieren.

Nährwerte pro Portion
Kilokalorien 570, Kilojoule 2400, Eiweiß/g 31, Kohlenhydrate/g 0, Fett/g 47, Ballaststoffe/g 0

Gegrillte Forelle

einfach, Blitzrezept
4 Portionen

- 4 frische Forellen, je ca. 350 g, Regenbogen- oder Bachforellen, auch Renken eignen sich
- 6 EL Zitronensaft
- Salz
- frisch gemahlener schwarzer Pfeffer
- je einige Zweige Thymian, Petersilie und Zitronenmelisse
- 2 Knoblauchzehen
- 2 EL Öl
- 600 g Tomaten

Die Forellen waschen und abtrocknen. Innen und außen mit Zitronensaft einreiben,

salzen und pfeffern. In die Bauchhöhlen jeweils einige Kräuterzweige legen.

Den Knoblauch abziehen, der Länge nach in Stifte schneiden und zu den Kräutern geben.

Die Fische an der dicksten Stelle 3–4mal leicht einschneiden. Die Tomaten waschen und in Scheiben schneiden.

Zwei Gratinformen mit Öl ausstreichen, mit Tomatenscheiben auslegen, salzen und pfeffern und die Forellen daraufsetzen.

Unter dem heißen Grill im Backofen 12–14 Minuten garen, zwischendurch einmal wenden.

Nährwerte pro Portion
Kilokalorien 280, Kilojoule 1170, Eiweiß/g 40, Kohlenhydrate/g 4, Fett/g 9, Ballaststoffe/g 2,8

Gegrillter Aal mit Salbei

Aal vom Fischhändler ausnehmen und die Haut abziehen lassen.

einfach, Blitzrezept
4 Portionen

- 1 kg frischer Aal
- Salz
- 1 Zitrone
- Öl zum Bestreichen
- 12 frische Salbeiblätter

Den Aal waschen, trockentupfen und in 10 cm lange Stücke schneiden. Mit Salz einreiben.

Die Zitrone in dünne Scheiben schneiden. Die Zitronenscheiben und die Salbeiblätter in die Bauchöffnung der Aalstücke stecken und den Aal mit Öl bestreichen.

Die Aalstücke mit der Bauchöffnung nach oben auf den geölten Grillrost legen und bei mittlerer Hitze etwa 25 Minuten grillen.

Nach der Hälfte der Garzeit die Fischstücke vorsichtig wenden.

Dazu passen Salzkartoffeln und Gurkensalat mit Sauerrahmdressing (Rezept S. 147).

Nährwerte pro Portion
Kilokalorien 740, Kilojoule 3110, Eiweiß/g 38, Kohlenhydrate/g 0, Fett/g 60, Ballaststoffe/g 0

Forelle vom Rost

einfach,
4 Portionen

- ♦ 4 küchenfertige Forellen
- ♦ 2 Zitronen
- ♦ Salz
- ♦ 4 EL Öl

Die Forellen gründlich waschen und aussen und innen trockentupfen. Jede Forelle mit 1 Zitronenhälfte abreiben und den Saft in die Bauchhöhle träufeln. Die Fische innen salzen und außen gründlich mit Öl einstreichen.

Die Forellen auf einen heißen, gut gefetteten Grillrost legen. Bei guter Mittelhitze auf einer Seite 6 Minuten grillen, noch einmal mit Öl bestreichen und wenden. Auf der zweiten Seite 8–10 Minuten grillen und dann an der Rückenflosse eine Garprobe machen.

Forellen vom Rost mit Ballonkartoffeln (Rezept S. 114) und Butter servieren.

Nährwerte pro Portion
Kilokalorien 280, Kilojoule 1170, Eiweiß/g 40, Kohlenhydrate/g 0, Fett/g 9, Ballaststoffe/g 0

Gegrillte Makrelen

einfach, Blitzrezept
4 Portionen

- 2 küchenfertige Makrelen à 500 g
- Salz
- 1/2 TL Zitronenpfeffer
- 4 Zweige frischer Oregano
- 4 EL Knoblauchöl

Die Makrelen waschen und trockentupfen. Die Fische innen mit Salz und Zitronenpfeffer würzen und in jeden Fisch 2 Zweige Oregano legen. Die Makrelen mit Knoblauchöl bestreichen und auf dem Grill bei mittlerer Hitze auf jeder Seite etwa 8 Minuten garen. Der Fisch ist fertig, wenn sich eine Rückenflosse leicht herausziehen läßt.

Mit der Kräutersauce servieren.

Nährwerte pro Portion mit Kräutersauce
Kilokalorien 660, Kilojoule 2760, Eiweiß/g 33, Kohlenhydrate/g 0, Fett/g 57, Ballaststoffe/g 0,6

Gegrillter Red Snapper

einfach, Blitzrezept
4 Portionen

- 1 Red Snapper, ca. 1 kg, küchenfertig vorbereitet (geschuppt!)
- Salz
- 1/2 TL Zitronenpfeffer
- 6 Zweige Rosmarin
- Olivenöl zum Bestreichen
- Zitronenviertel zum Garnieren

Den Fisch unter fließendem Wasser abspülen, trockentupfen und innen salzen und pfeffern. Auf jeder Rückenseite 3mal einschneiden. 1 Zweig Rosmarin in die Bauchhöhle legen und den Fisch leicht mit Olivenöl bestreichen.

Bei mittlerer Hitze auf jeder Seite 10 Minuten grillen. Wenn der Fisch fast gar ist, den restlichen Rosmarin so in die Glut legen, daß der Fisch im aufsteigenden, aromatisierten Rauch liegt.

Zur Garprobe an der Rückenflosse ziehen. Sie muß sich sofort lösen. Nach Ende der Garzeit den Fisch auf eine vorgewärmte Platte heben, mit Zitronenvierteln garnieren und am Tisch zerteilen.

Nährwerte pro Portion
Kilokalorien 190, Kilojoule 800, Eiweiß/g 23, Kohlenhydrate/g 0, Fett/g 11, Ballaststoffe/g 0

Kräutersauce

einfach, Blitzrezept
4 Portionen

- frisch gemahlener weißer Pfeffer
- 2 EL Zitronensaft
- 8 EL natives Olivenöl
- 1 Schalotte
- 1 Knoblauchzehe
- 1 EL Kapern
- je 1/2 Bund glatte Petersilie und Dill

Für die Kräutersauce Salz, weißen Pfeffer und Zitronensaft glattrühren und mit dem Olivenöl aufschlagen. Die Schalotte und die Knoblauchzehe abziehen und mit den Kapern fein hacken.

Die Kräuter waschen, trockenschütteln und ebenfalls fein hacken. Alles unter die Sauce mischen und getrennt zum Fisch reichen.

Gegrillte u

Würzige Kartoffelspieße

einfach
4 Portionen

- 750 g kleine, neue Kartoffeln
- 1 TL Salz
- 200 g Frühstücksspeck in dicken Scheiben
- 3 EL Knoblauchöl
- 1 TL Kümmel
- 1 EL Rosmarinnadeln
- grobes Meersalz
- frisch gemahlener Pfeffer

Die Kartoffeln waschen und bürsten aber nicht schälen. In Salzwasser je nach Größe 7–8 Minuten kochen, abgießen und erkalten lassen.

Größere Kartoffeln quer halbieren, kleine Kartoffeln ganz lassen und den Frühstücksspeck in dazu passende Quadrate schneiden. Kartoffeln und Speck abwechselnd auf Holzspieße stecken und mit Knoblauchöl bestreichen.

Die Spieße auf dem Grill bei guter Mittelhitze rundherum rösten, bis sie braun und knusprig sind. Kümmel und Rosmarin grob hacken. Gegen Ende der Garzeit die Spieße noch einmal mit Knoblauchöl bestreichen, mit Kümmel, Rosmarin und Meersalz bestreuen. Zum Servieren die Spieße mit frisch gemahlenem Pfeffer würzen.

Nährwerte pro Portion
Kilokalorien 540, Kilojoule 2260, Eiweiß/g 5, Kohlenhydrate/g 22, Fett/g 47, Ballaststoffe/g 3,4

Gemüsespieße

einfach
4 Portionen

- 8 Schalotten
- 1 grüne Paprikaschote
- 8 feste Cocktailtomaten
- 8 kleine Champignons
- 1 gekochter Maiskolben
- 8 Grillzwiebeln
- 1 Knoblauchzehe
- 2 getrocknete rote Chilischoten
- 1 TL Salz
- 1 TL getrockneter Thymian
- 4 EL Olivenöl

Den Wurzelansatz von den Schalotten schneiden. Reichlich Wasser zum Kochen bringen und die Zwiebelchen 2 Minuten blanchieren. Danach lassen sie sich leicht aus der Haut lösen und sind etwas vorgegart. Die Paprikaschote und die Cocktailtomaten waschen, die Paprika vierteln und entkernen. Die Champignons abreiben und die Stiele entfernen.

Die Paprika in mundgerechte Stücke, den Maiskolben in etwa 2 cm dicke Scheiben schneiden. Die Knoblauchzehe abziehen und mit den Chilischoten und dem Salz in einem Mörser zerdrücken, Thymian zugeben und das Olivenöl unterrühren.

Das Gemüse in bunter Reihe auf 4 Grillspieße aufstecken, mit dem Kräuteröl bestreichen und 15 Minuten ziehen lassen. Die Gemüsespieße über mittlerer Hitze 10–12 Minuten grillen, dabei mehrmals wenden und mit der Marinade bestreichen.

Nährwerte pro Portion
Kilokalorien 190, Kilojoule 780, Eiweiß/g 3, Kohlenhydrate/g 7, Fett/g 16, Ballaststoffe/g 4

Gemüsegrill

einfach
4 Portionen

- 10 Schaschlik-Zwiebeln (Grillzwiebeln oder Schalotten)
- 8 dünne Scheiben Frühstücksspeck
- 2 große Kartoffeln
- 1 Aubergine
- 2 Zucchini
- 1 rote und 1 gelbe Paprikaschote
- 4 EL Knoblauchöl
- Saft von einer halben Zitrone
- 1 TL getrockneter Thymian
- grobes Meersalz

Die Zwiebelchen abziehen und 2 Minuten in reichlich kochendem Wasser blanchieren. Abgießen, in kaltem Wasser abschrecken und gut abtropfen lassen. Die Speckscheiben quer halbieren und zu Röllchen drehen.

Zwiebeln und Speckröllchen abwechselnd auf 2 Spieße stecken.

Die Kartoffeln bürsten, trocknen und samt der Schale der Länge nach in etwa 1 cm dicke Scheiben schneiden. Aubergine und Zucchini waschen, putzen, trocknen und diagonal in Scheiben schneiden. Die Aubergine fingerdick, die Zucchini in etwa 3 cm dicke Stücke schneiden. Die Paprikaschoten waschen, putzen, trocknen und je nach Größe in Drittel oder Viertel schneiden.

Die Spieße und alle Gemüsestücke mit Knoblauchöl bestreichen. Alle Zutaten auf dem Grill bei mittlerer Hitze 8–10 Minuten grillen und dabei mehrmals wenden.

Das restliche Knoblauchöl mit Zitronensaft und Thymian verrühren. Den Gemüsegrill auf einer großen Platte anrichten, mit der Marinade beträufeln und mit grobem Meersalz bestreuen.

Nährwerte pro Portion
Kilokalorien 230, Kilojoule 950, Eiweiß/g 8, Kohlenhydrate/g 31, Fett/g 7, Ballaststoffe/g 11

Tip

Zum Wenden auf dem Grill und zum Servieren ist es praktisch, die Brotscheiben auf kleine Holzspieße zu stecken. Man kann das Brot vor dem Grillen mit Knoblauch-Kräuter-Öl bestreichen und direkt vom Rost servieren.

Bruschetta

einfach, Blitzrezept
4 Portionen

- 8 kleine, nicht zu dünne Scheiben italienisches Weißbrot
- 12 EL Olivenöl
- 4 Knoblauchzehen
- Salz

Zusätzlich für
Bruschetta mit Tomate

- 16 reife Cocktailtomaten
- 1/2 Bund Basilikum
- frisch gemahlener Pfeffer

Die Brotscheiben auf jeder Seite mit etwas Olivenöl bestreichen und auf dem Grill oder in der Pfanne rösten, einmal wenden.

Die Knoblauchzehen abziehen, halbieren und die frisch gerösteten Brote damit kräftig einreiben. Olivenöl darüberträufeln und mit Salz würzen.

Bruschetta mit Tomate

Die Cocktailtomaten in kochendem Wasser kurz blanchieren, häuten und die Stielansätze ausschneiden. Die Tomaten grob hacken.

Die Knoblauchzehen abziehen und fein hacken. Von dem Basilikum 8 schöne Blättchen zur Seite legen, den Rest waschen, trockentupfen und in Streifen schneiden.

Die Tomaten mit Knoblauch, gehacktem Basilikum und etwas Salz vermischen und auf die gerösteten Brotscheiben häufen. Das restliche Olivenöl darüberträufeln, leicht pfeffern und mit den Basilikumblättchen garnieren.

Nährwerte pro Portion
Kilokalorien 490, Kilojoule 2030, Eiweiß/g 5, Kohlenhydrate/g 31, Fett/g 37, Ballaststoffe/g 1,8

Knoblauchbaguette

einfach, Blitzrezept
4 Portionen

- 4 Knoblauchzehen
- 125 g Kräuterbutter
- 1 Baguette, ca. 350 g
- 2 EL geriebener Käse

Die Knoblauchzehen abziehen, fein hacken und unter die zimmerwarme Kräuterbutter mischen.

Das Brot schräg in etwa 2 cm dicke Scheiben schneiden, aber nur so tief, daß die Scheiben an der Unterseite noch zusammenhalten.

In jeden zweiten Einschnitt Kräuterbutter streichen und etwas Käse hineinstreuen. Die Brotscheiben zusammendrücken und fest in Alufolie einschlagen. Bei mittlerer Hitze etwa 15 Minuten grillen oder bei 180°C im Backofen backen.

Das Knoblauchbrot aus der Folie wickeln und an den nicht bestrichenen Stellen auseinanderbrechen.

Nährwerte pro Portion
Kilokalorien 500, Kilojoule 2100, Eiweiß/g 9, Kohlenhydrate/g 48, Fett/g 28, Ballaststoffe/g 1,8

Topinki

einfach, Blitzrezept
4 Portionen

- 4 kleine Knoblauchknollen
- Öl
- 8 Graubrotscheiben
- 200 g Schweineschmalz oder Gänseschmalz
- grobes Meersalz
- frisch gemahlener schwarzer Pfeffer

Die Knoblauchknollen putzen, aber nur die äußeren Blätter entfernen. Die Knollen mit Öl einstreichen und in Alufolie wickeln.

Den Knoblauch unter den Grillrost in die heiße Asche am Rand der Glut legen und je nach Größe 25–30 Minuten garen.

Die Graubrotscheiben kurz von beiden Seiten grillen, ohne daß das Brot zu trocken wird.

Etwas Schmalz und das aus den Knoblauchzehen gedrückte Mus auf die frisch gerösteten Brotscheiben geben und mit Salz und Pfeffer bestreuen.

Das Garen des Knoblauchs ist auch im Backofen möglich, die Brotscheiben können auf der Grillpfanne geröstet werden.

Nährwerte pro Portion
Kilokalorien 690, Kilojoule 2900, Eiweiß/g 8, Kohlenhydrate/g 53, Fett/g 51, Ballaststoffe/g 5

Pizzateig, Grundrezept

einfach, braucht Zeit zum Einfrieren

- 500 g Mehl und Mehl zum Verarbeiten
- 1 TL Salz
- 1/4 l lauwarmes Wasser
- 30 g frische Hefe
- 1 Prise Zucker
- 100 ml Olivenöl

Das Mehl mit dem Salz in eine weite Schüssel sieben und in die Mitte eine Mulde drücken.

100 ml lauwarmes Wasser mit der zerbröckelten Hefe und dem Zucker verrühren. 5 Minuten warm stellen, bis sich Blasen bilden, eventuell im Backofen bei 50°C.

Die aufgelöste Hefe und alle restlichen Zutaten in die Mulde gießen und mit dem Mehl vermischen. Falls noch Flüssigkeit fehlt, löffelweise etwas lauwarmes Wasser zugeben.

Den Teig, wenn er sich von der Schüssel löst, auf der bemehlten Arbeitsfläche gründlich kneten – 5–10 Minuten.

Die Schüssel mit heißem Wasser auswaschen, trocknen und dünn mit Mehl ausstreuen. Den Teig zur Kugel formen, in die Schüssel legen und die Oberfläche kreuzweise einschneiden, dadurch geht er besser auf. Die Schüssel zugedeckt an einen warmen Ort stellen und den Teig etwa 1 Stunde gehen lassen, er muß mindestens das doppelte Volumen erreichen.

Den aufgegangenen Teig aus der Schüssel lösen und auf der bemehlten Arbeitsfläche nochmals kurz kneten. Dann portionieren und zu Kugeln formen. Jede Kugel mit der Hand zu einer dicken Scheibe flachdrücken und in alle Richtungen zu einer runden Platte ausrollen. Wenn der Teig noch ungefähr 0,5 cm dick ist, die Platte über die bemehlten Handrücken legen und von der Mitte zu den Rändern hin noch etwas ausziehen – wie beim Strudelteig. Der Pizzaboden soll etwa 3 mm hoch sein mit einem etwas dickeren Rand.

Diese Menge reicht für 4 Pizzaformen mit 20 cm Durchmesser oder für 2 große Pizze, ca. 30 cm Durchmesser, die auf dem Blech gebacken werden, oder für 1 großes Backblech.

Pizza backen: Grundregeln

- Backformen: Pizza-Formen oder Tarte-Formen mit glattem Rand von 20 cm Durchmesser, entsprechend große Springformen oder zwei Backbleche.
- Pizzateig von 500 g Mehl reicht für 4 Pizze von 20 cm Durchmesser oder für ein großes Backblech. Runde und ovale Pizzen können auch ohne Form auf ein Backblech gelegt werden.
- Blech oder Form mit Öl bestreichen, den Teig darauflegen und ebenfalls mit Öl bestreichen, besonders die Ränder, die nicht belegt werden.
- Olivenöl beim Pizzabacken großzügig verwenden – eine gute „magere" Pizza gibt es nicht!
- Der traditionelle Käse für Pizza ist der Mozzarella, der in Scheiben oder Würfel geschnitten wird. Soll zusätzlich Reibkäse verwendet werden, eignen sich junger Pecorino, mittelalter Gouda oder Emmentaler, die alle schmelzen. Parmesan dient nur dem Geschmack, er bräunt, aber schmilzt nicht.
- Den Backofen auf 225°C Ober- und Unterhitze vorheizen oder auf 200°C bei Umluft.
- Backzeit ca. 20 Minuten. Nach 15 Minuten die Pizza beobachten und eine Garprobe machen.
- Jede Pizza sofort servieren und möglichst heiß essen.

Achtung: Damit nichts vom Belag verbrennt oder trocken und unansehnlich wird, müssen, mit wenigen Ausnahmen, alle Zutaten gegart sein oder in Öl angedünstet oder Konserven, in Öl eingelegt.

- Gemüse, Fisch und Meeresfrüchte zusätzlich mit Öl bestreichen.
- Zarte Kräuter, wie frisches Basilikum, in den Belag drücken, beziehungsweise mit der Tomatensauce betupfen.

Nährwerte insgesamt
Kilokalorien 2760, Kilojoule 11570, Eiweiß/g 57, Kohlenhydrate/g 364, Fett/g 105, Ballaststoffe/g 13,1

Pizza pane mit Rosmarin

einfach, braucht Zeit
2 große Pizze

- Pizzateig von 500 g Mehl, nach Grundrezept
- 4 Knoblauchzehen
- 2 Zweige frischer Rosmarin oder 2 EL getrocknete Rosmarinnadeln
- 2 EL Olivenöl
- 1 EL grobes Meersalz

Den Pizzateig nach Grundrezept auf Seite 110 zubereiten.

Die Knoblauchzehen abziehen, wenn sie sehr dick sind, der Länge nach halbieren und diagonal in dünne Scheiben schneiden. Die Rosmarinnadeln grob hacken.

Den Pizzateig halbieren und zu 2 großen, runden Platten formen, Durchmesser etwa 35 cm.

2 Backbleche mit Öl bestreichen und je 1 Pizza darauf legen. Den Teig großzügig mit Öl bestreichen, mit Knoblauch, Rosmarin und Salz bestreuen.

Auf jeder Pizza mit dem Teigrad 6 oder 8 Segmente markieren, den Teig aber nur teilweise einschneiden. So wird das Pizza pane im ganzen gebacken, läßt sich aber leicht portionsweise zerteilen. Die beiden Pizze im vorgeheizten Backofen bei 225°C etwa 15 Minuten backen.

Nährwerte pro Portion
Kilokalorien 1510, Kilojoule 6310, Eiweiß/g 29, Kohlenhydrate/g 185, Fett/g 65, Ballaststoffe/g 6,8

Die Kartoffeln hurtig bringt,
werft sie in die Kohlen,
und ihr andern lauft und springt,
dürres Kraut zu holen!
Ei, das ist ein gut Gericht,
ein Kartoffelbraten!
Sowas hat ein König nicht.
Wenn sie nur geraten!

Christian Dieffenbach

Gefüllte Folienkartoffeln

einfach, braucht Zeit

4 Portionen

- 4 große, gleichmäßige Kartoffeln
- Öl zum Bestreichen
- 500 g Magerquark
- 300 g Schmand
- Salz
- 2 Knoblauchzehen
- 1 Bund glatte Petersilie
- 1 Bund Schnittlauch
- 1 Kästchen Kresse
- 50 g Sprossen (Lupine, Alfalfa)
- 1 Schalotte
- 1/2 rote Paprikaschote
- 2 EL Tomatenketchup
- 1/2 TL Paprikapulver
- frisch gemahlener Pfeffer
- 1 TL mittelscharfer Senf
- 1 Bund Radieschen

Die Kartoffeln waschen, bürsten und trocknen. 4 Stück Alufolie dünn mit Öl bestreichen und die Kartoffeln fest einwickeln. Die Kartoffeln unter dem Grillrost, am Rand der Kohlenglut etwa 50 Minuten backen und dabei mehrmals wenden. Mit einem Metallspieß erstmals nach 45 Minuten prüfen, ob die Kartoffeln durchgegart sind.

Inzwischen den Magerquark mit dem Schmand verrühren und mit Salz vorsichtig abschmecken. Die Menge in drei Portionen teilen.

Die Knoblauchzehen abziehen und pressen. Zwei Quarkportionen mit Knoblauch verrühren.

Petersilie und Schnittlauch waschen, trockenschütteln und fein hacken. Die Hälfte der Kresse abschneiden und zusammen mit den anderen Kräutern in eine Portion Knoblauchquark rühren. Die restliche Kresse und die Sprossen bereithalten, um den Kräuterquark und/oder die Kartoffeln damit zu garnieren.

Für den Paprikaquark die Schalotte abziehen und sehr fein hacken. Die Paprikaschote waschen, putzen und in kleine Würfel schneiden. Die zweite Portion Knoblauchquark mit Tomatenketchup, Paprikapulver, Schalotte und Paprikaschote verrühren.

Die dritte Quarkportion mit dem Senf verrühren. Die Radieschen putzen und waschen. Junges, knackiges Grün aufbewahren und zusammen mit den Radieschen grob hacken. Die Radieschen bis auf einen Eßlöffel voll in den Quark rühren und mit den restlichen Radieschen garnieren.

Kartoffeln aus der Glut

Ob Feuer mit Holzkohle oder Grillbriketts, an seinem Rand können große mehlige Kartoffeln in der Glut gegart werden. Sie brauchen etwa 50 Minuten und verkohlen rundherum. Zum Essen halbieren und auslöffeln.

Alle Quarkmischungen mit Salz und Pfeffer abschmecken.

Die gegarten Folienkartoffeln auswickeln und entweder nur der Länge nach oder über Kreuz einschneiden. Die Kartoffeln unten leicht zusammendrücken, damit sie sich öffnen und besser füllen lassen. Die Kartoffeln möglichst heiß mit den Quarkmischungen servieren.

Nährwerte insgesamt
Kilokalorien 380, Kilojoule 1610, Eiweiß/g 24, Kohlenhydrate/g 35, Fett/g 16, Ballaststoffe/g 5

Ballonkartoffeln

einfach
4 Portionen

- 4 große mehlige Kartoffeln
- Salz

Backofen auf 220°C vorheizen. Kartoffeln waschen, bürsten und trocknen. Jede Kartoffel waagrecht halbieren.

Kartoffelhälften mit der Schnittfläche nach oben auf den Rost legen, sie dürfen sich nicht berühren! Die Schnittflächen gleichmäßig, aber nur dünn mit Salz bestreuen. Die Kartoffeln auf der mittleren Schiene in den vorgeheizten Backofen schieben.

Zunächst schmilzt das Salz, dann überzieht sich die Schnittfläche mit einer dünnen „Haut", die sich nach etwa 25–30 Minuten blasenförmig abhebt, bis sie gewölbt und hellbraun ist. Nach dem Wölben sollten die Ballonkartoffeln noch mindestens 5 Minuten im Backofen bleiben.

Falls sich das Servieren hinauszögert, können Sie die Kartoffeln aber ruhig weitere 10 Minuten bei niedriger Temperatur im Backofen warm halten.

Wie alle guten Kartoffeln schmeckt auch die Ballonkartoffel am besten mit Butter. Sie paßt aber als Beilage zu fast allen Gerichten.

Nährwerte pro Portion
Kilokalorien 210, Kilojoule 870, Eiweiß/g 5, Kohlenhydrate/g 43, Fett/g 0, Ballaststoffe/g 5,8

Blechkartoffeln mit Speck

einfach
6 Portionen

- 1 kg mehlige Kartoffeln
- 250 g Schinkenspeck
- 2 große Zwiebeln
- Öl für das Backblech
- 2 TL Majoran
- Salz
- frisch gemahlener Pfeffer
- 50 g Butter

Kartoffeln waschen, schälen und in kleine Würfel schneiden. Schinkenspeck grob würfeln. Zwiebeln abziehen und hacken.

Ein Backblech mit Öl bestreichen. Kartoffelwürfel, Speck und Zwiebeln darauf verteilen. Mit Majoran, Salz und frisch gemahlenem Pfeffer kräftig würzen. Butter in Flöckchen darübergeben.

Auf der mittleren Schiene im Backofen bei 220°C gut 20 Minuten backen.

Nährwerte pro Portion
Kilokalorien 480, Kilojoule 2000, Eiweiß/g 8, Kohlenhydrate/g 28, Fett/g 38, Ballaststoffe/g 5,2

Neue Kartoffeln vom Blech

einfach, braucht Zeit
4 Portionen

- 750 g neue Kartoffeln
- Öl für das Blech
- 50 g Butter
- 50 g grobes Meersalz
- 2 TL Kümmel

Kartoffeln unter fließendem Wasser gründlich abbürsten und halbieren.

Backblech mit etwas Öl einstreichen, die Kartoffeln mit der Schnittfläche nach unten darauf setzen.

Butter in einem Topf zerlassen und die Kartoffeloberseiten damit einpinseln. Mit Salz und Kümmel bestreuen.

Auf der mittleren Schiene im Backofen bei 220°C etwa 45 Minuten backen.

Variation: Die gewaschenen Kartoffeln mit Küchenpapier trockentupfen und kreuzweise tief einschneiden.

Das Backblech dick mit Salz bestreuen. Kartoffeln in das Salzbett setzen.

Butter schmelzen, Kartoffeln damit einpinseln und mit wenig Salz würzen.

Bei 220°C im Backofen etwa 40 Minuten backen.

Nährwerte pro Portion
Kilokalorien 260, Kilojoule 1100, Eiweiß/g 4, Kohlenhydrate/g 32, Fett/g 12, Ballaststoffe/g 4,3

Fächerkartoffeln

einfach, braucht Zeit
6 Portionen

- 12 große mehlige Kartoffeln
- 50 g Butter
- 100 g Emmentaler in dünnen Scheiben
- 200 g Kräuterbutter

Die Kartoffeln waschen, schälen und fächerförmig einschneiden. Dazu legt man sie am besten auf einen Eßlöffel und schneidet mit einem scharfen Küchenmesser jeweils bis zum Löffelrand. So verhindert man, daß die Kartoffel versehentlich ganz durchgeschnitten wird.

Die Butter in einem kleinen Topf schmelzen und 6 der Kartoffeln damit einpinseln. Diese Kartoffeln leicht auffächern und in die Zwischenräume Käsestückchen legen.

Die anderen 6 Kartoffeln mit der Hälfte der Kräuterbutter füllen.

Alle Kartoffeln auf ein Backblech setzen und im Backofen auf der mittleren Schiene rund 50 Minuten bei 200°C backen.

Zum Servieren auf jeden Teller 1 Käse- und 1 Kräuterkartoffel geben und mit der restlichen Kräuterbutter garnieren.

Sie passen mit Salat zu gegrilltem Fleisch.

Nährwerte pro Portion
Kilokalorien 720, Kilojoule 3030, Eiweiß/g 13, Kohlenhydrate/g 69, Fett/g 40, Ballaststoffe/g 9,2

Kartoffelgratin

einfach, braucht Zeit
4 Portionen

- 1 kg Kartoffeln (mehlig kochend oder halb und halb)
- 60 g Butter
- 2 Knoblauchzehen
- Salz
- frisch gemahlener Pfeffer
- 100 g Schlagsahne
- 100 ml Milch

Die Kartoffeln schälen, waschen und in nicht zu dünne Scheiben hobeln.

Eine Gratinform mit der Hälfte der Butter ausstreichen. Die Knoblauchzehen abziehen, fein hacken und auf den Boden der Form streuen.

Die Kartoffelscheiben am besten dachziegelartig in einer Schicht in die Form legen und mit Salz und Pfeffer würzen. Die restliche Butter in Flöckchen darauf setzen. Die Schlagsahne mit der Milch mischen und angießen.

Den Backofen auf 220°C vorheizen und die Form auf die mittlere Schiene stellen. Das Gratin backen, bis die Flüssigkeit hochkocht, dann die Temperatur auf 180°C reduzieren und das Gratin weitere 40 Minuten backen.

Wird das Kartoffelgratin brauner gewünscht, in den letzten 15 Minuten auf Oberhitze schalten oder ganz zuletzt unter dem Grill bräunen.

Nährwerte pro Portion
Kilokalorien 690, Kilojoule 2880, Eiweiß/g 11, Kohlenhydrate/g 47, Fett/g 47, Ballaststoffe/g 5,8

Tortilla

einfach
4 Portionen

- 500 g Kartoffeln, vorwiegend festkochend
- 300 g Zwiebeln
- 1 Bund glatte Petersilie
- 80 g Butterschmalz oder Butter
- Salz
- frisch gemahlener Pfeffer
- 6 Eier
- 4 EL Milch

Die Kartoffeln schälen, eventuell der Länge nach halbieren und in nicht zu dicke Scheiben schneiden. Die Zwiebeln abziehen und fein hacken.

Die Petersilie waschen, trockenschütteln und fein hacken.

Je 1 Eßlöffel Butterschmalz in 2 beschichteten oder gußeisernen Pfannen von etwa 22 cm Durchmesser erhitzen.

Zunächst die Kartoffelscheiben rundherum anbraten, dann die Zwiebelwürfel zugeben, salzen, pfeffern und braten, bis die Kartoffeln knapp gar sind.

Die Eier mit der Milch verrühren, mit Salz und Pfeffer würzen. Die Petersilie zugeben.

Je einen weiteren Eßlöffel Fett in den Pfannen schmelzen, die Eimasse über die Kartoffeln gießen und die Tortillas bei mittlerer Hitze in der verschlossenen Pfanne stokken lassen. Ab und zu die Pfanne rütteln, damit das Ei nicht anlegt.

Nach 4–5 Minuten oder, wenn die Eimasse auch auf der Oberfläche fest zu werden beginnt, die Tortillas auf einen großen Topfdeckel stürzen. Das restliche Fett in den Pfannen schmelzen, die Tortillas vom Deckel in die Pfanne gleiten lassen und noch kurz auf der anderen Seite backen.

Warm schmeckt die Tortilla mit Salat zu gegrilltem Fleisch und Geflügel. Kalt kann man sie in mundgerechte Würfel schneiden und mit Zahnstochern versehen als kleinen Imbiß oder zum Aperitif reichen. Dann reichen 2 Tortillas für 6–8 Portionen.

Nährwerte pro Portion
Kilokalorien 450, Kilojoule 1890, Eiweiß/g 14, Kohlenhydrate/g 27, Fett/g 29, Ballaststoffe/g 4,9

Folienkartoffeln mit Kaviar

einfach
4 Portionen

- 4 große mehlige Kartoffeln
- 300 g Crème fraîche
- 4 EL saure Sahne
- Salz
- frisch gemahlener schwarzer Pfeffer
- 4 TL Kaviar

Die Kartoffeln gründlich waschen und bürsten, wieder abtrocknen, mehrfach einstechen, dann in Alufolie wickeln.

Bei 200°C im Backofen etwa 1 Stunde garen. Mit einem Metallspieß bereits nach 45 Minuten prüfen, ob die Kartoffeln durchgegart sind, sonst die Backzeit verlängern.

Inzwischen Crème fraîche und saure Sahne verrühren und mit Salz und Pfeffer abschmecken.

Die Kartoffeln auswickeln und kreuzweise einschneiden. Leicht zusammendrücken, um sie zu öffnen. Mit der Creme füllen und mit Kaviar krönen.

Nährwerte pro Portion
Kilokalorien 470, Kilojoule 1960, Eiweiß/g 8, Kohlenhydrate/g 45, Fett/g 26, Ballaststoffe/g 5,8

Tellergratin mit Kartoffeln und Pilzen

einfach, Blitzrezept
4 Portionen

- 4 große Kartoffeln
- 6–8 große, feste Pilze, z. B. Steinpilze, Maronen, große Egerlinge
- Knoblauchöl
- Salz
- 1 1/2 EL Butter
- frisch gemahlener Pfeffer

Die Kartoffeln schälen, waschen und der Länge nach in Scheiben hobeln. Die Pilze putzen, möglichst nicht waschen und in dicke Scheiben schneiden.

4 feuerfeste Teller mit Öl bestreichen und die Kartoffel- und Pilzscheiben leicht überlappend auslegen. Alles mit Öl bestreichen, leicht salzen und die Butter in kleinen Flöckchen auf den Kartoffeln verteilen.

Die Teller auf die mittlere Schiene unter den vorgeheizten Grill im Backofen stellen und 7–8 Minuten gratinieren. Die Kartof-felscheiben sollen an den Rändern Farbe annehmen, aber nicht zu knusprig werden.

Die Tellergratins aus dem Ofen nehmen, mit Pfeffer bestreuen und sofort servieren.

Nährwerte pro Portion
Kilokalorien 230, Kilojoule 1000, Eiweiß/g 7, Kohlenhydrate/g 24, Fett/g 11, Ballaststoffe/g 10,5

Tip

Gegrillter Knoblauch schmeckt herrlich und ist das einfachste Rezept der Welt. Es bietet sich immer an, wenn Sie grillen oder ein Gericht, zu dem Knoblauch paßt, im Backofen zubereiten. *(Siehe „Knoblauch in der Folie").*

Knoblauch grillen

einfach, Blitzrezept

4 Portionen

- 4 Knoblauchknollen
- Öl
- Salz
- frisch gemahlener Pfeffer

Die Knoblauchknollen putzen oder waschen, falls sie schmutzig sind, aber nicht schälen! Große, hohe Knollen waagrecht halbieren, von kleinen oder flachen Knollen das obere Drittel waagrecht abschneiden und für ein anderes Gericht verwenden. Die Schnittflächen der Knollen mit Öl bestreichen und den Knoblauch am Rand des Grillrostes über die Glut legen. Die Knollen von beiden Seiten grillen, insgesamt etwa 20 Minuten. Zur Garprobe leicht drücken: Der Knoblauch muß nachgeben. Den Knoblauch zu den anderen Grilladen reichen. Das Knoblauchmus aus den Zehen drücken und leicht salzen und pfeffern.

Nährwerte pro Portion
Kilokalorien 50, Kilojoule 210, Eiweiß/g 2, Kohlenhydrate/g 10, Fett/g 0, Ballaststoffe/g 0,6

Knoblauch in der Folie

einfach, Blitzrezept
4 Portionen

- 4 kleine Knoblauchknollen
- Olivenöl zum Bestreichen
- Salz
- frisch gemahlener Pfeffer

Die äußeren, lockeren Schalen von den Knollen entfernen.

4 Stück Alufolie gut mit Olivenöl einstreichen und jeweils 1 Knoblauchknolle daraufsetzen. Etwas Olivenöl über die Knollen träufeln und leicht salzen. Die Folie um die Knoblauchknollen wickeln.

Die Knoblauchpäckchen an den Rand der Glut in die heiße Asche legen und ca. 30 Minuten garen. Oder im vorgeheizten Backofen 25 Minuten bei 220°C backen.

Die Knoblauchknollen aus der Folie wickeln und das weiche Knoblauchfleisch mit dem Messerrücken aus den Schalen drücken. Das Knoblauchmus auf Brotscheiben streichen und mit Salz und Pfeffer würzen oder als Beilage zu gegrilltem Fleisch reichen.

Nährwerte pro Portion
Kilokalorien 50, Kilojoule 230, Eiweiß/g 3, Kohlenhydrate/g 10, Fett/g 0, Ballaststoffe/g 0,7

Gegrillte Polenta und Maiskolben

einfach, braucht Zeit

6 Portionen

- Salz
- 250 g Polentamehl (Maisgrieß)
- 6 Maiskolben aus der Dose
- Öl zum Bestreichen

1 Liter Wasser mit 1 Teelöffel Salz zum Kochen bringen, das Polentamehl unter ständigem Rühren in das Wasser rieseln lassen und 5 Minuten kochen. Dann auf kleinster Hitze etwa 40 Minuten gar ziehen lassen, dabei immer wieder durchrühren.

Die gekochte Polenta auf einem mit kaltem Wasser abgespülten Blech 1,5 cm dick ausstreichen und voll auskühlen lassen.

Dann die Polenta in Rechtecke schneiden und auf dem gefetteten Grillrost bei guter Mittelhitze etwa 10 Minuten rösten. Dabei einmal wenden.

Die Maiskolben auf Küchenpapier gut trocknen, mit Öl einstreichen und bei nicht zu starker Hitze etwa 10 Minuten rundherum goldbraun grillen. Mit Salz bestreuen.

Nährwerte pro Portion
Kilokalorien 220, Kilojoule 940, Eiweiß/g 5, Kohlenhydrate/g 38, Fett/g 5, Ballaststoffe/g 3

Tip

Schneller gelingt die Polenta, wenn man vorbehandelten Maisgrieß verwendet, der nach 5 Minuten Kochzeit bereits fertig ist.

Spanische Zwiebeln

einfach, Blitzrezept
4 Portionen

- 2 große Gemüsezwiebeln
- 3 Knoblauchzehen
- 1 Lorbeerblatt
- 2 EL gehackte, frische Kräuter, z. B. Rosmarin, Thymian, Petersilie
- 1 Prise Zucker und Salz
- 1 Messerspitze Cayennepfeffer
- 3 EL Olivenöl

Die Zwiebeln und die Knoblauchzehen abziehen. Die Zwiebeln in etwa 1,5 cm dicke Scheiben schneiden. Die Knoblauchzehen im Mörser mit dem Lorbeerblatt, den Kräutern und den Gewürzen stampfen. Das Olivenöl unterrühren.

Die Zwiebelscheiben in einen Grillkorb legen und mit dem Kräuteröl bestreichen. Auf dem heißen Grill 10–15 Minuten grillen, während dieser Zeit mehrmals wenden und mit dem Öl bestreichen.

Nährwerte pro Portion
Kilokalorien 100, Kilojoule 420, Eiweiß/g 1, Kohlenhydrate/g 3, Fett/g 9, Ballaststoffe/g 1

Gegrillte Pilzkappen

einfach
4 Portionen

- 12 Austernpilzkappen
- 2 Knoblauchzehen
- Salz
- 1 TL Korianderkörner
- 1/2 TL grob geschroteter schwarzer Pfeffer
- Saft von 1 Zitrone
- 1/8 l Olivenöl
- 1/2 Bund Petersilie
- 2 Bund Rucola
- 30 g Parmesan, in dünne Scheiben gehobelt

Die Pilze, falls nötig, vorsichtig mit einem Pinsel putzen und die Stiele bis auf 1 cm abschneiden. Die Knoblauchzehen abziehen und im Mörser mit dem Salz, den Korianderkörnern und dem Pfeffer zerdrücken. Den Zitronensaft und das Olivenöl unterrühren und die Marinade über die Pilzkappen verteilen. Die Pilze etwa 20 Minuten darin ziehen lassen.

Dann die Pilze auf dem heißen Grill 5–6 Minuten garen: auf der Innenseite nur kurz, auf der Kappe etwa 4 Minuten.

Die Petersilie waschen, trockenschütteln und fein hacken. Die Rucola verlesen, waschen, trockenschütteln und grob zerteilen. Vier Teller mit Rucola auslegen und die gegrillten Pilze mit der offenen Seite nach oben darauf anrichten. Mit der Petersilie und dem Parmesan bestreuen und die restliche Marinade über die Rucola träufeln.

Nährwerte pro Portion
Kilokalorien 100, Kilojoule 400, Eiweiß/g 4, Kohlenhydrate/g 1, Fett/g 8, Ballaststoffe/g 1

Bratapfel vom Grill

einfach
4 Portionen

- 4 feste, mürbe Äpfel, z. B. Boskop oder Cox Orange
- 4 Zuckerwürfel
- 4 EL eingemachte Krons- oder Preiselbeeren

Die Äpfel waschen, trocknen, das Kernhaus ausstechen und jeweils einen Zuckerwürfel in die Höhlung drücken.

Die Äpfel fest in Alufolie wickeln und auf dem Grill bei mittlerer Hitze etwa 20 Minuten garen. Dabei mit der Höhlung senkrecht stellen und nach 10 Minuten auf die andere Seite wenden. Nach 20 Minuten eine Garprobe machen.

Die Bratäpfel in der Folie servieren: öffnen, über Kreuz einschneiden und mit den Kronsbeeren füllen.

Nährwerte pro Portion
Kilokalorien 110, Kilojoule 460, Eiweiß/g 1, Kohlenhydrate/g 24, Fett/g 1, Ballaststoffe/g 4,2

Obstspieße

einfach
4 Portionen

- 1 Orange
- 1/2 kleine, frische Ananas
- 1 kleiner Apfel
- 4 feste Aprikosen
- 2 feste Bananen
- 4 getrocknete, weiche Feigen
- 1 EL Zitronensaft
- 1/2 TL gemahlener Ingwer
- 2 EL Orangenlikör
- 2 EL Rum
- 75 g Butter
- 2 EL Zucker
- 1 EL Pistazienkerne

Die ungeschälte Orange vierteln und mit der Schale in 2 cm dicke Scheiben schneiden. Die Ananas schälen, vierteln und den Strunk entfernen. Ananas in etwa 4 cm große Stücke schneiden. Den Apfel waschen, vierteln, das Kerngehäuse entfernen und die Apfelstücke quer halbieren. Die Aprikosen waschen, halbieren und entkernen. Die geschälten Bananen in 4 cm lange Stücke schneiden. Apfel-, Aprikosen- und Bananenstücke in eine Schüssel legen und sofort mit Zitronensaft beträufeln. Das restliche Obst zufügen.

Den Ingwer mit dem Orangenlikör und dem Rum verrühren und über die Früchte verteilen. Die Stücke vorsichtig darin wenden und etwa 20 Minuten im Kühlschrank ziehen lassen.

Dann die Fruchtstücke auf 4 große Spieße stecken. Die Butter zerlassen, den Zucker einrühren und in der Butter schmelzen. Die Spieße auf Alufolie auf ein Backblech legen und mit der Buttersauce beträufeln. Unter dem Infragrill im Backofen 5 Minuten grillen. Die Spieße mit einem Metallspatel wenden, mit der restlichen Buttersauce beträufeln und weitere 5 Minuten nah unter dem Grill bräunen lassen.

Die Pistazien grob hacken und die Obstspieße damit bestreuen.

Nährwerte pro Portion
Kilokalorien 330, Kilojoule 1380, Eiweiß/g 2, Kohlenhydrate/g 36, Fett/g 16, Ballaststoffe/g 4,1

Banane, in der Schale gebacken

einfach, Blitzrezept
4 Portionen

- 4 reife, große Bananen
- 4 TL flüssiger Honig
- eventuell etwas Orangenlikör oder Rum

Den Backofen auf 220°C vorheizen. Die Bananen auf dem Rost auf der obersten Schiene in den Ofen stellen, bis sie durch und durch weich sind. Dabei nach 5 Minuten einmal umdrehen.

Die Bananen aufschlitzen und mit Honig, nach Belieben auch mit Likör oder Rum beträufeln. Das Fruchtfleisch direkt aus der Schale löffeln.

Nährwerte pro Portion
Kilokalorien 150, Kilojoule 610, Eiweiß/g 2, Kohlenhydrate/g 0,3, Fett/g 34, Ballaststoffe/g 3

Angels on horseback

Kommt aus den USA und schmeckt gut: Backpflaumen in Frühstücksspeck wickeln, mit Zahnstochern feststecken und rundherum kurz grillen. Heiß verspeisen!

Würzige Saucen, Gem

e und knackige Salate

Würzbutter, das i-Tüpfelchen auf Ihren Grillgerichten

So runden Sie die Speisen ab: Ein Hauch des passenden Gewürzes schmilzt in der Butter über das fertige Gericht. Pulverisierte Gewürze lassen sich am einfachsten in die weiche Butter rühren – aber Vorsicht: Da Butter ein idealer Aromaträger ist, kommt jeder Geschmack stark zur Geltung. Also vorsichtig dosieren und lieber nachwürzen! Paprikapulver und Curry färben zwar schön rot und gelb, passen aber nicht in jede Gewürzmischung. Tomatenmark/rot und Senf/gelb sind neutraler und daher vielseitiger einzusetzen. Auch Eigelb, frisch oder gekocht, ist zum Färben geeignet. Experimentieren Sie sowohl mit Würzbutter einer einzigen Geschmacksrichtung als auch mit Kombinationen: Kräuter, Gewürze und pikante Zutaten.

Butter mischen

Erst bei größeren Buttermengen, 500 g und mehr, ist es sinnvoll, mit dem elektrischen Handquirl zu arbeiten.

Vor jedem Mischen muß die Butter cremig/schaumig geschlagen werden. Die neutralste Version: weiche Butter mit etwas kaltem Wasser, Salz und Pfeffer im lauwarmen Wasserbad aufschlagen. Butter mit Zitronen- oder Limettensaft statt Wasser paßt ebenso zu fast allen Gerichten.

Mit Kräutern

Alle Küchenkräuter können mit Butter verarbeitet werden. Es ist selbstverständlich, daß Kräuter topfrisch und in einwandfreiem Zustand sein müssen, denn Butterfett ist ein hervorragender Nährboden für alle Mikroorganismen.

Zarte Kräuter werden nur fein gehackt. Feste Blätter (Rosmarin, Thymian, Bohnenkraut, Salbei etc.) können zusätzlich im Mörser leicht gestoßen werden. Um den Kräuter-Eindruck zu verstärken, wird die Butter gern grün gefärbt. Spinat oder Brunnenkresse, püriert, haben ein schönes, intensives Grün. Je nach Kraut und Verwendung wird Kräuterbutter mit einem Hauch Knoblauch, kleingehackten Schalotten, 1 Messerspitze Senf oder Curry, Zitronensaft, Weißwein oder Worcestersauce abgeschmeckt. Salz und Pfeffer nicht vergessen!

Hübsch sind kleine Butterrosetten: mit der Sterntülle auf Backpapier spritzen und einfrieren. So kann man sie in größeren Mengen vorbereiten.

Tip

Anstatt in Kräutern, kann die Rolle auch in grob gemahlenem schwarzen Pfeffer oder in Paprikapulver gewälzt werden.

Kräuterbutter

einfach, zum Einfrieren

Vielseitig und allseits beliebt, jedoch selten selbstgemacht. Aber die kleine Mühe lohnt sich, da die Butter je nach den verwendeten Kräutern immer wieder anders schmeckt. Die Kräuterauswahl im folgenden Rezept ist nur ein Vorschlag. Komponieren Sie Ihre Kräuterbutter nach Saison und Geschmack. Es empfiehlt sich, eine größere Menge zuzubereiten und sie als Rolle oder portionsweise einzufrieren. Die Butter ist tiefgekühlt etwa 3 Monate haltbar. Zum Auftauen braucht eine Scheibe nur 5–10 Minuten.

- 4 Zweige Thymian
- 2 Zweige Rosmarin
- 40 g Kerbel
- 10 Zweige Pimpernelle
- 5 Zweige Zitronenmelisse
- abgeriebene Schale von 1/2 unbehandelten Zitrone
- 250 g weiche Butter
- Salz

Die Thymianblättchen vom Stiel zupfen. Die Rosmarinnadeln abstreifen. Beides fein hacken, dann im Mörser leicht stoßen.

Den Kerbel waschen und verlesen. Pimpernelle und Zitronenmelisse waschen und die Blättchen zusammen mit dem Kerbel fein hacken.

Alle Kräuter mischen und 2 Eßlöffel beiseite stellen. Den Rest der Kräutermischung und die Zitronenschale mit einer Gabel unter die weiche Butter kneten. Nach Belieben mit etwas Salz abschmecken. Gut 15 Minuten kühlstellen.

Dann die Butter mit Hilfe einer Folie zur Rolle formen. Die beiseitegelegten Kräuter gleichmäßig auf die Folie streuen. Die Butterrolle darin wälzen und leicht andrücken.

In Folie gewickelt einfrieren. Soll die Butter in Scheiben geschnitten werden, muß sie mindestens 30 Minuten gekühlt werden.

Nährwerte insgesamt
Kilokalorien 2010, Kilojoule 8430, Eiweiß/g 7, Kohlenhydrate/g 12, Fett/g 210, Ballaststoffe/g 3,6

Tip

Falls es kein frisches Basilikum gibt, können Sie auch frische Petersilie und Schnittlauch nehmen. Getrocknetes Basilikum eignet sich nicht.

Pesto-Butter

einfach, Blitzrezept

- 2 Bund frisches Basilikum
- 2 Knoblauchzehen
- 30 g Pinienkerne oder gehackte Walnüsse
- 40 g Parmesankäse
- 60 g weiche Butter
- Salz
- frisch gemahlener schwarzer Pfeffer

Basilikum waschen, trocknen, die Blättchen grob zerzupfen und in den Mörser legen.

Die Knoblauchzehen abziehen, mit den Pinienkernen oder den Walnüssen zugeben und alles zu einer gleichmäßigen Paste stoßen. Dann erst den Käse zufügen.

Die Butter einarbeiten und so lange rühren, bis die Paste glatt und cremig ist. Mit Salz und Pfeffer abschmecken.

Pesto-Butter auf den heißen Grilladen schmelzen lassen oder mit Brot als Beilage reichen.

Nährwerte insgesamt
Kilokalorien 850, Kilojoule 3570, Eiweiß/g 25, Kohlenhydrate/g 11, Fett/g 75, Ballaststoffe/g 2,3

Rote Gewürzbutter

einfach, Blitzrezept
zum Einfrieren

- 2 EL Tomatenmark
- 1 TL Rosenpaprika
- 100 g weiche Butter
- Salz
- frisch gemahlener weißer Pfeffer

Das Tomatenmark und das Paprikapulver mit einer Gabel unter die weiche Butter arbeiten, bis die Butter gleichmäßig gefärbt ist.

Mit Salz und Pfeffer würzen. Die Tomatenbutter 1 cm dick auf ein Blech oder Brett streichen, etwa 30 Minuten kühl stellen.

Dann mit einem Plätzchenausstecher Herzen ausstechen. Mit einem Messer oder einer Palette vom Blech lösen.

Variation „Gelbe Butter": Currypulver färbt die Butter gelb, paßt aber nicht zu jedem Gericht. Senf ist neutraler und daher vielseitiger einsetzbar. Auch Eigelb, frisch oder gekocht, ist zum Färben geeignet.

Nährwerte insgesamt
Kilokalorien 790, Kilojoule 3320, Eiweiß/g 3, Kohlenhydrate/g 6, Fett/g 82, Ballaststoffe/g 1,1

Nußbutter

einfach, Blitzrezept
zum Einfrieren

Außer Gewürzen kann man der Butter auch pikante Zutaten untermischen. Am bekanntesten ist wohl die Sardellenbutter. Bunt und gut im Geschmack sind Zutaten wie Mixed Pickles, Gewürzgurken, Kapern und Oliven. Auch Roquefortkäse schmeckt fein in einer Buttermischung, z. B. zu Lamm. Die Zutaten müssen natürlich vorher fein gehackt werden. Apart ist Butter mit Nüssen, wie nachfolgend beschrieben.

- 50 g Walnußkerne
- 30 g Pistazienkerne
- 2 EL halbtrockener Sherry
- 250 g weiche Butter
- 1/2 TL gemahlener Koriander
- Salz

Die Walnußkerne mit einem großen Messer hacken. In einer trockenen Pfanne unter Rühren etwa 3 Minuten anrösten und beiseite stellen.

Die Pistazienkerne ebenfalls hacken, zusammen mit den Walnüssen und dem Sherry im Mörser zerstoßen oder im Mixer einige Sekunden hacken.

Die Nußmischung und die Butter mit einer Gabel verrühren. Mit Koriander und Salz abschmecken.

Nährwerte insgesamt
Kilokalorien 2270, Kilojoule 9520, Eiweiß/g 15, Kohlenhydrate/g 11, Fett/g 332, Ballaststoffe/g 4,4

Vegetarische Butter

einfach, braucht Zeit
4 Portionen

„Ahua quatl!“ heißt Butter vom Baum, und den Indios Mittelamerikas wird sie gleich „in Schale abgepackt“, von der Natur geliefert. Gemeint ist die Avocado, die botanisch zum Obst gerechnet wird. Als vegetarische Butter wird sie wegen ihres hohen Fettgehalts bezeichnet, der immerhin 24 g von 100 g ausmacht.

- 1 reife Avocado
- 2 EL Zitronensaft
- 1/2 Kästchen Kresse
- 1 TL Currypulver
- Salz
- frisch gemahlener schwarzer Pfeffer

Die Avocado längs halbieren, den Kern entfernen. Mit einem Löffel das Fruchtfleisch herauslösen. In eine Schüssel geben, mit einer Gabel zerdrücken, dabei nach und nach den Zitronensaft hineinträufeln.

Die Kresse abschneiden, zusammen mit dem Currypulver in die Avocadocreme rühren. Mit Salz und Pfeffer abschmecken.

Serviervorschlag: Auf Kräcker oder Pumpernickelkreise kleine Häufchen der Avocadobutter setzen. Mit Kresse bestreuen und mit Kirschtomaten dekorieren.

Nährwerte pro Portion
Kilokalorien 100, Kilojoule 430, Eiweiß/g 1, Kohlenhydrate/g 0, Fett/g 11, Ballaststoffe/g 1,6

Tip

Viele der Buttermischungen können auch mit Avocado zubereitet werden. Damit die Avocado nicht braun wird, immer etwas Zitronensaft zugeben. Vorsicht allerdings bei roten Pulvern und Pasten, denn Rot und Grün mischen sich zu einem wenig appetitlichen Braun.

Mayonnaise

einfach, Blitzrezept

Ei und Öl schaumig schlagen und nach Belieben würzen, das ist kreativ und lohnend, geht schnell, gelingt immer – wenn man's richtig macht – und schmeckt tausendmal besser als jede gekaufte Mayonnaise.

Grundrezept

- 2 Eigelb (Zimmertemperatur)
- 1 Prise Salz
- frisch gemahlener weißer Pfeffer
- 300 ml Olivenöl
- 1–2 TL Zitronensaft oder Weinessig

Eigelb in einer Schüssel mit Salz und Pfeffer würzen und schlagen, bis das Eigelb heller wird. Dazu entweder den Schneebesen oder das elektrische Handrührgerät nehmen (niedrige Geschwindigkeit).

Das Öl unter ständigem Schlagen tropfenweise zugeben. Wenn die Sauce einzudicken beginnt, das übrige Öl in dünnem Strahl einarbeiten. Die steife Mayonnaise mit Zitronensaft oder Essig verrühren.

Falls die Mayonnaise steifer gewünscht wird, noch etwas Öl zugeben. Gerät sie zu fest, mit 1–2 Teelöffel Zitronensaft oder lauwarmem Wasser verdünnen. Zitronensaft macht die Mayonnaise heller!

Die fertige Mayonnaise abschmecken.

Als weitere Würze passen: 1 gepreßte Knoblauchzehe oder 1 Teelöffel scharfer Senf.

Hinweis: Je nachdem, wozu die Mayonnaise gegessen wird, kann die Grundmenge auch für 6 Portionen reichen.

Nährwerte insgesamt
Kilokalorien 2920, Kilojoule 12280, Eiweiß/g 8, Kohlenhydrate/g 0, Fett/g 312, Ballaststoffe/g 0

Schnell gemixt

Zur Herstellung von Mayonnaise im Mixgerät (Schneideeinsatz) verwendet man ganze Eier (Eigelb und Eiweiß). Im übrigen gelten dieselben Grundregeln wie für von Hand geschlagene Mayonnaise. Die im Mixer gerührte Sauce bleibt fast weiß und wird nur halbsteif.

- 1 Ei
- 1 Messerspitze Salz
- frisch gemahlener weißer Pfeffer
- 1 EL Zitronensaft oder Weinessig
- 200 ml Olivenöl

Das Ei aufschlagen und in den Mixer geben. Salz und Pfeffer einstreuen, Zitronensaft oder Weinessig und 2 Eßlöffel Öl zugeben. Das Gerät für 2–3 Sekunden auf höchster Geschwindigkeit laufen lassen, bis alle Zutaten cremig vermischt sind. Geschwindigkeit zurückschalten und das Öl in dünnem Strahl einlaufen lassen.

Die Mayonnaise ist fertig, wenn sie kein Öl mehr aufnehmen kann und sich in der Mitte ein kleiner Ölfleck bildet. Dann das Gerät ausschalten, die Mayonnaise mit dem Schneebesen durchmischen und abschmecken.

Remoulade

einfach, Blitzrezept

- 1 große Zwiebel
- 2 EL Kapern
- 50 g Cornichons
- Grundrezept Mayonnaise, etwa 350 g
- 1 Bund Dill
- 1 EL eingelegte grüne Pfefferkörner
- 1 EL scharfer Senf
- Salz

Die Zwiebel abziehen und sehr fein würfeln. Die Kapern mit einem großen Messer fein hacken. Die Cornichons in Streifen und dann in kleine Würfel schneiden.

Zwiebel, Kapern und Cornichons unter die Mayonnaise rühren.

Den Dill waschen, von den dicken Stielen zupfen und fein hacken. Die Pfefferkörner in einem Mörser leicht zerstoßen. Zusammen mit dem Dill zur Mayonnaise geben.

Mit Senf und wenig Salz kräftig abschmecken.

Nährwerte insgesamt
Kilokalorien 3080, Kilojoule 12910, Eiweiß/g 10, Kohlenhydrate/g 23, Fett/g 317, Ballaststoffe/g 5

Frankfurter grüne Sauce

einfach, Blitzrezept
4 Portionen

Mayonnaise
- 1 Ei
- 2 TL Senf
- 1/2 TL Salz
- etwas Zucker
- 1 TL Zitronensaft oder Essig
- 1/4 l Öl

Einlagen
- 100 g Gewürzgurke
- 2 hartgekochte Eier
- 1 kleine Zwiebel
- 250 g Magerquark
- 150 g saure Sahne
- 5 EL gehackte Kräuter, mindestens 7 verschiedene Sorten: Petersilie, Dill, Schnittlauch, Estragon, Kresse, Borretsch, Pimpernelle, Sauerampfer, Kerbel, Liebstöckel
- Salz
- frisch gemahlener weißer Pfeffer
- Worcestershiresauce

Für die Mayonnaise sollten alle Zutaten Zimmertemperatur haben. Sie werden bis auf das Öl in einem hohen Gefäß mit dem elektrischen Rührgerät gut verquirlt. Nun langsam das Öl einfließen lassen und dabei rühren, bis die Mayonnaise fest ist.

Die Gewürzgurke fein hacken, die Eier hacken, die Zwiebel abziehen und fein hacken.

Den Quark und die saure Sahne mit der Mayonnaise verrühren. Gurken-, Eier- und Zwiebelwürfel unterheben.

Die vorbereiteten, feingehackten Kräuter mit der Sauce verrühren und mit den Gewürzen und Worcestershiresauce abschmecken. Kühl stellen und durchziehen lassen.

Nährwerte pro Portion
Kilokalorien 747, Kilojoule 3137, Eiweiß/g 19, Kohlenhydrate/g 7, Fett/g 71, Ballaststoffe/g 2

Tip

Statt Senf in die Vinaigrette etwas Sardellenpaste rühren. Man nimmt die Gemüsestifte in die Hand, taucht sie in eine der beiden Saucen und beißt ab.

Crudités

einfach
4 Portionen

- 1 Fenchelknolle
- 1 rote und 1 grüne Paprikaschote
- 4 Möhren
- 1/2 Staudensellerie
- 1/2 Salatgurke
- 100 g schwarze Oliven

Vinaigrette
- 3 EL Weißweinessig
- 1 TL scharfer Senf
- 1 Messerspitze Salz
- 1 Messerspitze frisch gemahlener Pfeffer
- 6 EL Olivenöl

Ailloli: nach Rezept S. 135

Alle Gemüse waschen und putzen, beziehungsweise schälen. Den Fenchel der Länge nach in Scheiben schneiden und diese noch einmal halbieren. Die Paprikaschoten der Länge nach in Streifen schneiden und jede Möhre in lange Stifte schneiden. Die Selleriestangen abziehen und der Länge nach halbieren. Die Salatgurke der Länge nach halbieren, mit einem Teelöffel die Kerne auskratzen und jede Gurkenhälfte in lange Stifte schneiden.

Die Gemüse bunt gemischt in Becher stecken. Die Oliven bereitstellen.

Zum Eintauchen der Gemüsestifte eine Vinaigrette und Ailloli zubereiten.

Für die Vinaigrette Essig mit Senf, Salz und Pfeffer verrühren und das Olivenöl unterschlagen, so daß eine sämige Sauce entsteht.

Ailloli nach dem Rezept S. 135 zubereiten und beide Saucen in kleinen Schälchen bereitstellen.

Nährwerte pro Portion
Kilokalorien 295, Kilojoule 1235, Eiweiß/g 3, Kohlenhydrate/g 6, Fett/g 28, Ballaststoffe/g 4

Ailloli

einfach
4 Portionen

- 3–6 Knoblauchzehen, je nach Geschmack
- 300 ml Olivenöl
- 2 Eigelb
- Salz
- frisch gemahlener weißer Pfeffer
- Zitronensaft

Die Knoblauchzehen abziehen, durch die Presse drücken und im Mörser mit einigen Tropfen Öl zu einer glatten Paste stampfen. 2 Eigelb dazugeben und das Öl mit einem Schneebesen erst tropfenweise, dann in dünnem Strahl einarbeiten.

Mit Salz, Pfeffer und Zitronensaft abschmecken.

Die Knoblauchmayonnaise paßt gut zu Fisch und Meeresfrüchten, zu gegrilltem Fleisch und als Dip.

Nährwerte pro Portion
Kilokalorien 730, Kilojoule 3080, Eiweiß/g 2, Kohlenhydrate/g 0, Fett/g 78, Ballaststoffe/g 0,2

Tip

Klassisch wird diese Sauce zur französischen Fischsuppe „Bouillabaisse" gereicht. Sie schmeckt auch zu vielen anderen Gerichten, beispielsweise zu gegrillten Scampi.

Sauce Rouille

einfach, braucht Zeit
4 Portionen

- 2 rote Paprikaschoten
- 2 Knoblauchzehen
- 2 kleine rote Pfefferschoten
- 1 Scheibe Toastbrot
- etwas Fisch- oder Fleischbrühe
- 4 EL Olivenöl
- eventuell etwas Tomatenmark zum Färben

Die Paprikaschoten halbieren, entkernen und Trennhäute entfernen. Paprikahälften in dem auf 200°C vorgeheizten Backofen rösten, bis sich die Haut in Blasen abhebt. Schoten kurz in ein kaltes, feuchtes Tuch wickeln und die Haut abziehen. Die Hälften in etwa 1/2 cm große Würfel schneiden.

Knoblauch abziehen, Pfefferschoten waschen, entkernen und hacken. Beides im Mörser fein zerstoßen.

Das Toastbrot entrinden und kurz in etwas Fischbrühe einweichen. Zusammen mit den Paprikawürfeln in die Sauce einarbeiten. Das Ganze zu einer glatten Paste stoßen und mit dem Olivenöl verrühren. Eßlöffelweise von der Fischbrühe zugeben, bis eine dickflüssige Sauce entsteht.

Falls die Paprikaschoten nicht genügend rot färben, kann man noch etwas Tomatenmark einrühren.

Nährwerte pro Portion
Kilokalorien 570, Kilojoule 2380, Eiweiß/g 6, Kohlenhydrate/g 20, Fett/g 49, Ballaststoffe/g 5,8

Ei-Meerrettich-Creme

einfach, Blitzrezept
4 Portionen

- 2 hartgekochte Eier
- 200 g Meerrettichwurzel
- etwas Zitronensaft
- 1/2 Bund Petersilie
- 200 g Crème fraîche
- 1 Prise Zucker
- 1/2 TL Ingwerpulver
- Salz

Die Eier pellen und grob hacken. Den Meerrettich waschen, schälen und reiben. Mit Zitronensaft beträufeln. Die Crème fraîche mit allen Zutaten vermengen und abschmecken.

Nährwerte pro Portion
Kilokalorien 280, Kilojoule 1170, Eiweiß/g 5, Kohlenhydrate/g 5, Fett/g 25, Ballaststoffe/g 2,3

Cocktailsauce

einfach, Blitzrezept
4 Portionen

- 2 EL Essig
- 1 Prise Salz
- 2 Eigelb
- 6 EL Öl
- 4 EL Crème fraîche
- 2 EL Tomatenmark
- frisch gemahlener Pfeffer
- 1 EL Cognac

Essig und Salz gründlich verrühren, bis sich das Salz gelöst hat. Unter kräftigem Rühren das Eigelb zufügen. Anschließend das Öl unterschlagen. Crème fraîche und Tomatenmark einrühren. Die Sauce mit Pfeffer und Cognac abschmecken.

Nährwerte pro Portion
Kilokalorien 280, Kilojoule 1160, Eiweiß/g 2, Kohlenhydrate/g 1, Fett/g 27, Ballaststoffe/g 0

French Dressing

einfach, Blitzrezept
4 Portionen

- 2 EL Weißweinessig
- Salz
- frisch gemahlener schwarzer Pfeffer
- 5 EL Öl
- 1 TL Dijon-Senf
- 1/2 Becher Naturjoghurt, etwa 80 g
- 3 EL Schlagsahne
- einige Stengel Petersilie

Den Essig mit Salz und Pfeffer in eine Schüssel geben und gründlich vermischen. Unter kräftigem Rühren das Öl zugießen.

Den Senf und den Joghurt untermischen. Die Schlagsahne nach und nach einrühren.

Die Petersilie waschen, hacken und in das Dressing rühren. Mit Salz und Pfeffer abschmecken.

Das Dressing schmeckt besonders gut, wenn Gewürze und Kräuter noch etwas ziehen können. Dazu mindestens 30 Minuten im Kühlschrank zugedeckt ruhen lassen.

Nährwerte pro Portion
Kilokalorien 190, Kilojoule 800, Eiweiß/g 1, Kohlenhydrate/g 1, Fett/g 19, Ballaststoffe/g 0

Thousand-Island-Dressing

einfach, Blitzrezept
4 Portionen

- Chicorée
- 3 große Möhren
- 8 Stangen Staudensellerie
- 2 EL Essig
- 1 Prise Salz
- 2 Eigelb
- 6 EL Öl
- 4 EL Crème fraîche
- 2 EL Tomatenmark
- 1/2 Bund glatte Petersilie
- frisch gemahlener Pfeffer
- 1 EL Cognac

Den Chicorée putzen, dabei den Strunk herausschneiden. Lauwarm waschen, die Blätter von außen nach innen abzupfen. Die Möhren schälen und in dünne Stäbchen schneiden. Den Sellerie putzen, waschen und in 10 cm lange Stücke schneiden.

Für den Dip Essig und Salz gründlich mischen, bis sich das Salz gelöst hat. Unter kräftigem Rühren das Eigelb zufügen. Anschließend das Öl unterschlagen. Crème fraîche und Tomatenmark einrühren. Die Petersilie waschen, trockenschütteln und fein hacken. Dip mit Petersilie, Pfeffer und Cognac abschmecken. Mit dem Gemüse reichen.

Nährwerte pro Portion
Kilokalorien 330, Kilojoule 1360, Eiweiß/g 4, Kohlenhydrate/g 6, Fett/g 29, Ballaststoffe/g 3,6

Artischocken-Knoblauch-Sauce

einfach
4 Portionen

- 1 Knoblauchzehe
- 1 kleine Dose Artischockenherzen, 400 g
- 100 g Crème fraîche
- 2 Bund gemischte Kräuter wie glatte Petersilie, Schnittlauch, Borretsch, Zitronenmelisse, Basilikum
- 2 EL Zitronensaft
- Tabasco
- Salz
- frisch gemahlener weißer Pfeffer

Die Knoblauchzehe abziehen und mit den gut abgetropften Artischockenherzen im Mixer oder mit dem Schneidstab pürieren. Das Püree mit Crème fraîche verrühren.

Die Kräuter waschen, trockenschütteln und fein hacken, dann zufügen und die Sauce mit Zitronensaft, Tabasco, Salz und Pfeffer abschmecken.

Diese Sauce ist ein hervorragender Dip für Fondues, zu Grilladen, für knackige Gemüse oder zum Naschen mit Kräckern.

Nährwerte pro Portion
Kilokalorien 131, Kilojoule 550, Eiweiß/g 3, Kohlenhydrate/g 12, Fett/g 8, Ballaststoffe/g 4,0

Radieschensauce

einfach
4 Portionen

- 5 Knoblauchzehen
- 1 TL Salz
- 500 g türkischer Joghurt
- 2 frische rote Chilischoten
- 1 Bund Radieschen
- 1 Bund glatte Petersilie
- 1 EL schwarze Oliven ohne Stein
- 2 EL natives Olivenöl

Die Knoblauchzehen abziehen, hacken und in einem Mörser mit dem Salz zerdrücken. Die Knoblauchpaste gut mit dem Joghurt verrühren.

Die Chilischoten entkernen, fein hacken und zur Joghurtsauce geben.

Die welken Blätter von den Radieschen entfernen, die Radieschen samt Grün sowie die Petersilie waschen und trockenschütteln. Alles hacken, in eine Salatschüssel geben und mit der Joghurtsauce vermischen. Zugedeckt im Kühlschrank 30 Minuten ziehen lassen.

Vor dem Servieren das Olivenöl zugeben und noch einmal gut durchmischen.

Nährwerte pro Portion
Kilokalorien 170, Kilojoule 700, Eiweiß/g 5, Kohlenhydrate/g 7, Fett/g 13, Ballaststoffe/g 0,9

Tip

Die Zutaten können zwischen 3 und 30 schwanken. Unbedingt notwendig sind mindestens ein grünes Küchenkraut, Fett und Gewürze. Außerdem wichtig: der Mörser! Eilige können diese Sauce natürlich auch im Mixer pürieren.

Kalte grüne Sauce

einfach, braucht Zeit
4 Portionen

- 1 Knoblauchzehe
- Salz
- je 1 Bund glatte Petersilie, Schnittlauch, Basilikum oder Dill
- je 1 Zweig andere Gartenkräuter wie Thymian, Minze, Zitronenmelisse, Majoran, Salbei oder Rosmarin
- 1 Schalotte
- 8 EL Olivenöl
- Saft von 1/2 Zitrone
- frisch gemahlener weißer Pfeffer

Die Knoblauchzehe abziehen, vierteln und im Mörser mit einer Prise Salz zerstoßen.

Die Kräuter waschen, trockenschütteln, verlesen und fein hacken. Mit einigen Tropfen Öl im Mörser stoßen.

Die Schalotte abziehen und fein hacken, samt dem Zitronensaft in den Mörser geben und die Mischung noch einmal leicht stoßen.

Dann das restliche Olivenöl einrühren, 2–3 Eßlöffel Wasser zugeben und die Sauce mit Salz und Pfeffer abschmecken.

Grüne Sauce zugedeckt mindestens 1 Stunde ziehen lassen, damit die Kräuter quellen.

Variation: Mit den Knoblauchzehen einige gewässerte Sardellenfilets zerstoßen. Außer den Kräutern auch gehackte Kapern zugeben oder etwas grüne Paprikaschote. Mit mildem Essig, frischen Chilischoten oder mit Senf können verschiedene Geschmacksvarianten erreicht werden.

Cremig wird die Sauce, wenn man 2 Eigelb mit den Kräutern verrührt und dann erst das Öl dazugibt.

Wenn statt Öl Crème fraîche oder Creme double verwendet wird, kann man auch alle Zutaten im Mixer pürieren. Dies ergibt eine flüssige, schaumige Sauce.

Nährwerte pro Portion
Kilokalorien 250, Kilojoule 1060, Eiweiß/g 2, Kohlenhydrate/g 2, Fett/g 25, Ballaststoffe/g 1,3

Indisches Chutney

einfach, braucht Zeit

- 500 g saure Äpfel
- 500g frische Aprikosen
- 500 g Zucchini oder Kürbis
- 300 g Zwiebeln
- 100 g Schalotten
- 1 scharfe rote Chilischote
- 3 Knoblauchzehen
- 3/8 l Obstessig
- 450 g brauner Kandis
- 1 TL Salz
- 1 EL frisch geriebene Ingwerwurzel
- 1 TL Paprika, edelsüß
- je 1/2 TL gemahlene Nelken und Kardamom
- 1 Zimtstange

Die Äpfel schälen, vierteln, entkernen und in dünne Scheiben schneiden. Die Aprikosen waschen, entsteinen und zerschneiden. Zucchini schälen und in kleine Würfel schneiden. Zwiebeln und Knoblauchzehen abziehen und fein hacken. Die Chilischote waschen, aufschneiden, die Kerne entfernen und fein hacken.

Alles in einen hohen Topf mit dickem Boden geben. Essig, Kandis und Gewürze zugeben. Aufkochen und ca. 2 Stunden im offenen Topf auf kleiner Hitze köcheln lassen. Zwischendurch umrühren.

Das Chutney ist fertig, wenn es dick genug ist und nicht mehr vom Löffel fließt.

Chutney kochendheiß randvoll in Gläser füllen und sofort verschließen.

Nährwerte insgesamt
Kilokalorien 2649, Kilojoule 9999, Eiweiß/g 23, Kohlenhydrate/g 629, Fett/g 4, Ballaststoffe/g 48

Mango-Chutney

einfach, braucht Zeit

- 150 g Sultaninen
- 2 feste Mangos
- 1 Paprikaschote
- 3 frische, rote Chilischoten
- 1 nußgroßes Stück frischer Ingwer
- 2 Knoblauchzehen
- 1 Handvoll Korianderblätter oder glatte Petersilie
- 1 TL Salz
- 1/8 l Limettensaft

Die Sultaninen in einer Schüssel mit lauwarmem Wasser bedeckt einweichen.

Mangos schälen, vom Kern schneiden und würfeln. Die Paprikaschote waschen, halbieren, entkernen und die Trennhäute entfernen. Paprikahälften in Quadrate schneiden. Chilischoten waschen, putzen, entkernen und in Streifen schneiden.

Ingwer schälen und in dünne Scheiben schneiden.

Knoblauch abziehen und grob hacken.

Die Sultaninen in einem Sieb abtropfen lassen. Zusammen mit den vorbereiteten Zutaten und den Korianderblättern fein hacken, bis alles klein und gut vermischt ist.

Das Salz darüberstreuen und nochmals gründlich durchhacken. Dann in einer Schüssel mit dem Zitronensaft verrühren.

Schmeckt zu gegrilltem Fleisch und Geflügel.

Variation: Statt Mangos unreife Papayas, statt Knoblauch Zwiebeln verwenden. Tomaten oder feingehackte, frische Kokosnuß untermischen.

Nährwerte insgesamt
Kilokalorien 860, Kilojoule 3610, Eiweiß/g 8, Kohlenhydrate/g 188, Fett/g 3, Ballaststoffe/g 21,7

Guacamole ist eine lateinamerikanische Spezialität und paßt zu fast allen Grillgerichten. Gut schmeckt sie auch als Dip mit Mais- oder Kartoffelchips.

Guacamole

einfach, braucht Zeit
2 Portionen

- 1 Tomate
- 1/2 Zwiebel
- 1 frische kleine Chilischote
- 5 Zweige Korianderblätter oder glatte Petersilie
- 1 reife Avocado
- 1 kleine Limette
- Salz
- frisch gemahlener schwarzer Pfeffer
- 1 Prise Zucker

Die Tomate kreuzweise einritzen, kurz in kochendes Wasser legen und schälen. Dann halbieren, die Kerne entfernen und fein hacken. Zwiebel schälen und fein würfeln. Die Chilischote entkernen und fein hacken. Korianderblättchen waschen, trockenschütteln, von den Stielen zupfen und fein hacken.

Die Avocado schälen, halbieren, Kern entfernen. Die Limette halbieren, auspressen. In einer Schüssel die Avocado mit dem Limettensaft übergießen und mit einer Gabel zerdrücken. Die übrigen feingehackten Zutaten, Salz, Pfeffer und Zucker einrühren und abschmecken.

Wird die Sauce nicht sofort serviert, deckt man sie mit Klarsichtfolie ab, damit die Sauce nicht anläuft.

Nährwerte pro Portion
Kilokalorien 220, Kilojoule 920, Eiweiß/g 2, Kohlenhydrate/g 8, Fett/g 19, Ballaststoffe/g 3

Drei thailändische Würzsaucen

einfach, zum Einfrieren

A. Scharfe Honigsauce mit Knoblauch

- 1 große rote Paprikaschote
- 4 große rote Pfefferschoten
- 4 rote Chilischoten
- 4 Knoblauchzehen
- 4 EL helle Sojasauce
- 1 EL dunkle Sojasauce
- 50 g Ingwerwurzel
- 200 g heller, flüssiger Honig
- 200 ml milder Weißwein- oder Obstessig
- 2 EL Öl
- 2 EL Zucker
- 1 TL Salz

B. Chilipaste mit Knoblauch

- 8 Schalotten
- 8 Knoblauchzehen
- 150 g getrocknete Garnelen
- 50 g getrocknete Chilischoten
- 100 ml Öl
- 2 EL Tamarindenmus
- 3 EL Fischsauce
- 2 EL Honig

C. Rohe Chilisauce

- 10 rote und 10 grüne Chilischoten
- 8 Knoblauchzehen
- 2 EL Zucker
- 10 EL Fischsauce
- 8 EL Limettensaft

A. Scharfe Honigsauce mit Knoblauch

Die Paprikaschote waschen, putzen, entkernen und in Würfel schneiden. Pfefferschoten und Chilischoten waschen, putzen, entkernen und die Schoten grob hacken. Die Knoblauchzehen abziehen und halbieren. Paprika, Pfeffer- und Chilischoten und den Knoblauch mit den beiden Sojasaucen in die Küchenmaschine geben und zerkleinern, nicht pürieren!

Den Ingwer schälen und mit einem Fleischklopfer flach drücken, bis er stark duftet. Die zerkleinerten Zutaten aus der Küchenmaschine, das ganze Ingwerstück, Honig, Essig und alle anderen Zutaten in einen Topf geben und auf schwacher Hitze so lange kochen, bis die Sauce stark eindickt. Beim anschließenden Erkalten soll sie zähflüssig werden. Das Ingwerstück entfernen.

B. Chilipaste mit Knoblauch

Die Schalotten und die Knoblauchzehen abziehen und fein würfeln. Die getrockneten Garnelen im Mörser fein zerstoßen oder in der Küchenmaschine zerkleinern. Die Chilischoten ebenfalls hacken oder in der Küchenmaschine grob zerkleinern.

Das Öl in einer Pfanne erhitzen, Schalotten, Knoblauch und Chilischoten bei mittlerer Hitze unter Rühren anbraten. Aus der Pfanne heben und abkühlen lassen.

Die Mischung im Mörser zerstoßen und im verbliebenen Öl in der Pfanne ein zweites Mal erhitzen. Die gestoßenen Garnelen zugeben und kurz anbraten.

Das Tamarindenmus mit der Fischsauce verrühren und samt dem Honig in die Pfanne geben. Alles gut vermischen und dann abkühlen lassen.

C. Rohe Chilisauce

Die Chilischoten waschen, putzen, entkernen und in feine Ringe schneiden. Die Knoblauchzehen abziehen und fein würfeln. Chili und Knoblauch mit Zucker, Fischsauce und Limettensaft gut verrühren.

A *Nährwerte insgesamt*
Kilokalorien 1170, Kilojoule 4890, Eiweiß/g 14, Kohlenhydrate/g 207, Fett/g 29, Ballaststoffe/g 16

B *Nährwerte insgesamt*
Kilokalorien 1660, Kilojoule 6960, Eiweiß/g 103, Kohlenhydrate/g 57, Fett/g 110, Ballaststoffe/g 9,4

C *Nährwerte insgesamt*
Kilokalorien 380, Kilojoule 1570, Eiweiß/g 20, Kohlenhydrate/g 55, Fett/g 8, Ballaststoffe/g 13,4

Tip

Die beiden gekochten Saucen, die Honigsauce und die Chilipaste, lassen sich in Schraubgläsern im Kühlschrank 2–3 Wochen aufheben. Man kann sie also in der Grillsaison gut auf Vorrat zubereiten.

Peperonata

einfach, braucht Zeit, zum Einfrieren
8 Portionen

Peperonata soll musig sein. Sie schmeckt kalt zu Fleisch, Fisch, Nudeln oder Reis, ist aber auch eine vorzügliche Würzzutat für Suppen, Eintöpfe und Schmorgerichte. Fest verschlossen hält sie sich etwa 1 Woche. Sie können sie aber auch einfrieren – bereiten Sie also gleich eine größere Menge zu.

- ♦ 500 g Zwiebeln
- ♦ 4 Knoblauchzehen
- ♦ 4 rote Chilischoten
- ♦ 2 kg feste rote Paprikaschoten
- ♦ 1 kg Fleischtomaten
- ♦ 6 Lorbeerblätter
- ♦ 1/8 l Olivenöl
- ♦ Salz
- ♦ frisch gemahlener schwarzer Pfeffer
- ♦ 4 EL Tomatenmark

Die Zwiebeln abziehen und würfeln, den Knoblauch durch die Presse drücken. Chilischoten putzen, aufschlitzen und die kleinen Kerne sorgfältig entfernen, die Schoten klein würfeln. Paprikaschoten putzen, waschen und in gleichmäßige Stücke schneiden, die Tomaten brühen, häuten, entkernen und grob hacken.

Das Öl erhitzen, Zwiebeln, Knoblauch, Chili und die Lorbeerblätter darin unter Rühren anschwitzen. Paprika einrühren, salzen und pfeffern und etwa 5 Minuten unter Wenden braten. Die Tomaten zugeben und das Tomatenmark einrühren, dann zugedeckt bei milder Hitze etwa 30 Minuten schmoren. Pikant abschmecken.

Kurz vor Ende der Garzeit können Kräuter wie Thymian, Oregano oder Basilikum zugeben werden.

Nährwerte pro Portion
Kilokalorien 210, Kilojoule 900, Eiweiß/g 6, Kohlenhydrate/g 18, Fett/g 13, Ballaststoffe/g 10

Eingelegte Paprikaschoten

einfach, braucht Zeit
4 Portionen

1 Tag marinieren

- 4 große, rote Paprikaschoten
- 1/8 l Essig
- 1/8 l Wasser
- 1 EL Salz
- frisch gemahlener schwarzer Pfeffer
- 4 Knoblauchzehen
- 200 ml Olivenöl

Den Backofen auf 180°C vorheizen. Die Schoten auf ein Backblech legen und etwa 15 Minuten im Ofen rösten, dabei gelegentlich wenden. Die rundum gerösteten Paprikaschoten in ein kaltes, feuchtes Tuch wickeln und 5 Minuten liegen lassen. Dann die verkohlte Schale mit dem Tuch abreiben und Schalenreste abzupfen. Danach erst die Stiele mit den Kernen herausziehen.

Essig, Wasser, Salz und Pfeffer in einer weiten Schüssel schlagen, bis sich das Salz aufgelöst hat. Die Paprikaschoten einlegen, in der Marinade wenden und in der zugedeckten Schüssel 2–3 Stunden marinieren lassen.

Die Knoblauchzehen abziehen und quer in dünne Scheiben schneiden. Die Paprikaschoten aus der Marinade heben, abtropfen lassen und in eine tiefe Platte legen. Mit dem Knoblauch gut vermischen und mit dem Olivenöl übergießen. Die Platte mit Frischhaltefolie abdecken und die Schoten im Kühlschrank über Nacht ziehen lassen.

Die eingelegten Paprikaschoten mit Käse, Oliven und Brot als kleinen Imbiß reichen oder als Beilage zu Hackfleischgerichten und Grilladen.

Nährwerte pro Portion
Kilokalorien 270, Kilojoule 1130, Eiweiß/g 2, Kohlenhydrate/g 6, Fett/g 25, Ballaststoffe/g 6,1

Geschmorte Zwiebeln

einfach, braucht Zeit
4 Portionen

- 8 kleine weiße Zwiebeln
- 2 EL Butter
- 1 EL Honig
- getrockneter Thymian
- 200 ml Weißwein

Die Zwiebeln abziehen, die Wurzelansätze glattschneiden und die Zwiebeln oben übers Kreuz einschneiden.

Eine kleine feuerfeste Form mit 1 Eßlöffel Butter ausstreichen und die Zwiebeln hineinsetzen. Etwas Honig in die Einschnitte träufeln, die restliche Butter auf die Kreuzstellen verteilen und mit Thymian bestreuen. Den Weißwein angießen und die Zwiebeln im vorgeheizten Backofen bei 160°C 1 Stunde schmoren.

Die Zwiebeln lauwarm oder kalt servieren.

Nährwerte pro Portion
Kilokalorien 100, Kilojoule 410, Eiweiß/g 1, Kohlenhydrate/g 8, Fett/g 6, Ballaststoffe/g 2,3

Dazu paßt Fladenbrot oder mit Knoblauch geröstete Baguettescheiben.

Champignons nach griechischer Art

einfach, Blitzrezept, zum Einfrieren
4 Portionen

- 500 g vollreife Tomaten
- 500 g Champignons
- 100 g Zwiebeln
- 2 Knoblauchzehen
- 100 ml Olivenöl
- 1 EL Tomatenmark
- Salz
- frisch gemahlener Pfeffer
- 2 Frühlingszwiebeln

Die Tomaten kurz in kochendem Wasser blanchieren, häuten, halbieren und die Kerne entfernen. Das Tomatenfleisch würfeln.

Die Champignons abbrausen, auf Küchenpapier trocknen und putzen. Die Zwiebel und die Knoblauchzehen abziehen und hacken.

Das Olivenöl in einer weiten Kasserolle erhitzen. Zwiebel und Knoblauch darin anschwitzen, Tomatenwürfel, Tomatenmark und die Champignons zugeben und mit Salz und Pfeffer würzen. Das Gemüse bei guter Mittelhitze kräftig durchkochen.

Die Frühlingszwiebeln waschen, putzen und in sehr feine Ringe schneiden.

Das eingekochte Champignongemüse vom Herd nehmen und auskühlen lassen. Mit den Frühlingszwiebeln bestreuen und als kalte Vorspeise servieren oder als Beilage in einem Büfett.

Nährwerte pro Portion
Kilokalorien 290, Kilojoule 1200, Eiweiß/g 4, Kohlenhydrate/g 7, Fett/g 25, Ballaststoffe/g 5,6

Gartenfrische Blattsalate

einfach, Blitzrezept
4 Portionen

- Je 1/2 Kopf Friséesalat, Romana, Eichblatt und Lollo Rosso oder ähnliche, eine Salatsorte kann auch durch 100 g Salatrauke (Rucola), Brunnenkresse oder Feldsalat ersetzt werden.
- 3 EL Balsamico-Essig
- 1 EL Sherry-Essig
- Salz
- frisch gemahlener weißer Pfeffer
- 1/2 TL Dijonsenf
- 1 Knoblauchzehe
- 6 EL Olivenöl
- 2 EL Nußöl

Die Salatblätter putzen, waschen, abtropfen lassen und trockenschleudern, dann in mundgerechte Stücke zupfen.

Für die Salatsauce die beiden Essigsorten, Salz, Pfeffer und Senf in einer großen Schüssel mit dem Schneebesen aufschlagen.

Die Knoblauchzehe abziehen, halbieren und zugeben. Oliven- und Nußöl nach und nach einrühren, bis die Vinaigrette sämig ist. Kurz ziehen lassen, dann die Knoblauchzehe entfernen. Den Salat erst direkt vor dem Servieren durch die Vinaigrette ziehen.

Nährwerte pro Portion
Kilokalorien 270, Kilojoule 1120, Eiweiß/g 4, Kohlenhydrate/g 5, Fett/g 25, Ballaststoffe/g 4,3

Gurkensalat mit Sauerrahm

einfach, Blitzrezept
4 Portionen

- 1 Salatgurke
- Salz
- 1 Bund Dill
- 1 Knoblauchzehe
- 1/2 TL scharfer Senf
- 1 Prise Zucker
- 200 g saure Sahne
- frisch gemahlener weißer Pfeffer

Die Gurke gründlich waschen und längs halbieren. Die Kerne mit einem Löffel herauskratzen. Die beiden Hälften in dünne Scheiben hobeln und leicht salzen. Den Dill waschen und die Spitzen von den Stielen zupfen. Die Gurkenscheiben abtropfen lassen, auf 4 Tellern anrichten und die Dillspitzen darüberstreuen. Den Knoblauch abziehen und durch die Presse drücken. Mit Senf, Zucker und der sauren Sahne verrühren, mit Salz und Pfeffer abschmecken und die Sauce über die Gurken träufeln.

Nährwerte pro Portion
Kilokalorien 160, Kilojoule 680, Eiweiß/g 2, Kohlenhydrate/g 4, Fett/g 15, Ballaststoffe/g 0,7

Tomatensalat

einfach, Blitzrezept
4 Portionen

- 600 g Strauchtomaten
- 1 gelbe Paprikaschote
- 1 große weiße Zwiebel
- 1 Bund Schnittlauch
- 1 Knoblauchzehe
- 1/2 TL Salz
- 1 Prise Zucker
- 1/2 TL scharfer Senf
- 2 EL weißer Weinessig
- 4 EL Olivenöl
- frisch gemahlener schwarzer Pfeffer

Die Tomaten waschen, trocknen, in Scheiben schneiden und dabei den Stielansatz entfernen. Die Paprikaschote waschen, trocknen, am Stielansatz aufschneiden und entkernen. Die Schote in halbe Ringe schneiden. Die Zwiebel abziehen und je nach Größe in halbe oder ganze feine Ringe hobeln. Den Schnittlauch waschen, trockenschütteln und in feine Röllchen schneiden.

Die Knoblauchzehe abziehen und pressen. Mit Salz, Zucker, Senf und Weinessig verrühren. Das Olivenöl unterschlagen, bis die Marinade sämig ist.

Tomaten, Paprika und Zwiebel abwechselnd auf einer Platte anrichten und mit der Marinade beträufeln. Schwarzen Pfeffer frisch darübermahlen und den Salat mit dem Schnittlauch bestreuen.

Nährwerte pro Portion
Kilokalorien 150, Kilojoule 630, Eiweiß/g 2, Kohlenhydrate/g 6, Fett/g 12, Ballaststoffe/g 3

Brotzeitradi

einfach, Blitzrezept
8 Portionen

- 2 große bayerische Rettiche (Radi)
- Salz

Die Rettiche waschen, gut bürsten, das Grün und die Seitenwurzeln abschneiden.

Jeden Rettich mit einem scharfen Messer diagonal und möglichst eng zu 3/4 einschneiden, so daß der Rettich unten noch zusammengehalten wird.

Umdrehen und die Prozedur genauso wiederholen.

Jetzt die einzelnen Lamellen vorsichtig von beiden Seiten salzen und etwas ziehen lassen. Der Rettich verliert dabei Wasser und wird nicht nur milder, sondern auch weicher, so daß man ihn auseinanderziehen kann. Dadurch entsteht eine schöne Girlande.

Mit einem Spiralschneider geht es schneller, macht aber nicht soviel Spaß, und wer hat schon immer einen Spiralschneider zur Hand?

Nährwerte pro Portion
Kilokalorien 10, Kilojoule 45, Eiweiß/g 1, Kohlenhydrate/g 1, Fett/g 0, Ballaststoffe/g 1,3

Speckkrautsalat

einfach, braucht Zeit
6 Portionen

1–2 Stunden vorher zubereiten

- 1 Kopf Weißkohl, ca. 1 kg
- Salz
- 10 EL Essig
- 1/4 l Brühe
- 1 TL Kümmel
- 250 g Frühstücksspeck in Scheiben
- Salz
- frisch gemahlener Pfeffer

Den Weißkohl vierteln, den Strunk entfernen und den Kohl fein hobeln.

Das gehobelte Kraut in leicht gesalzenem, kochenden Wasser 1 Minute blanchieren. Abgießen, abtropfen lassen und noch heiß in eine Salatschüssel umfüllen.

Den Essig mit der Brühe und dem Kümmel erhitzen und über das Kraut gießen.

Den Frühstücksspeck fein würfeln und in einer trockenen Pfanne auslassen. Die Speckwürfel unter den Salat heben und mit Salz und Pfeffer abschmecken. Den Krautsalat zugedeckt 1–2 Stunden durchziehen lassen.

Nährwerte pro Portion
Kilokalorien 320, Kilojoule 1330, Eiweiß/g 7, Kohlenhydrate/g 5, Fett/g 28, Ballaststoffe/g 3,4

Schwäbischer Kartoffelsalat

einfach, braucht Zeit
4 Portionen

- 1 kg Salatkartoffeln
- 1 Salatgurke
- 2 Zwiebeln
- 1/4 l Brühe
- 5 EL Essig
- Salz
- 1 Prise Zucker
- 1 EL mittelscharfer Senf
- 4 EL Öl
- frisch gemahlener Pfeffer
- 1 Bund Schnittlauch

Die Kartoffeln waschen, mit der Schale kochen, noch warm pellen und in feine Scheiben schneiden.

Die Salatgurke waschen, schälen und in Scheiben hobeln. In einer Schüssel mit den Kartoffeln mischen. Die Zwiebeln abziehen und fein hacken.

Die Brühe mit dem Essig, Salz, Zucker und den Zwiebeln kurz aufkochen und mit dem Senf und dem Öl vermischen.

Über den Salat gießen, alles vorsichtig mischen und mit Pfeffer und Salz abschmecken.

Zum Schluß den gewaschenen und trockengeschüttelten Schnittlauch in Röllchen schneiden und darüberstreuen.

Wenn der Salat jetzt noch mindestens 30 Minuten durchziehen kann, entwickelt er ein hervorragendes Aroma.

Nährwerte pro Portion
Kilokalorien 290, Kilojoule 1210, Eiweiß/g 7, Kohlenhydrate/g 46, Fett/g 7, Ballaststoffe/g 7,1

Pikanter Kartoffelsalat mit Ei

einfach
4 Portionen

- 1 kg Salzkartoffeln
- Salz
- 6 EL Salatmayonnaise
- 150 g Sauerrahm
- 4 EL Weinessig
- frisch gemahlener Pfeffer
- 1 Prise Zucker
- 1 EL Öl
- 1 rote Paprikaschote
- 1 große Zwiebel
- 3 Gewürzgurken
- 1 EL Kapern
- 2 Eier
- 1 Bund Schnittlauch

Die Kartoffeln gründlich waschen und in Salzwasser ca. 30 Minuten gar kochen. In ein Sieb abgießen, mit kaltem Wasser kurz abschrecken, schälen und auskühlen lassen. In gleichmäßig dünne Scheiben schneiden.

Aus Mayonnaise, Sauerrahm, Essig, Pfeffer, Zucker, Salz und Öl eine Marinade in einer Schüssel gründlich vermischen.

Paprika putzen, entkernen und in feine Würfel schneiden.

Zwiebel abziehen. Zusammen mit den Gewürzgurken und den Kapern fein hacken. Alles unter den Salat mischen.

Im Kühlschrank mindestens 1 Stunde zugedeckt durchziehen lassen.

Die Eier hart kochen. Abschrecken, schälen und achteln.

Schnittlauch waschen, trockentupfen und in feine Röllchen schneiden.

Den Kartoffelsalat mit den Eiern und dem Schnittlauch garnieren.

Nährwerte pro Portion
Kilokalorien 430, Kilojoule 1810, Eiweiß/g 11, Kohlenhydrate/g 51, Fett/g 18, Ballaststoffe/g 7,4

Partysalat

einfach
6 Portionen

- 250 g bunte Spiralnudeln
- Salz
- Öl
- 300 g Fleischwurst
- 350 g mittelalter Gouda
- 2 rote Zwiebeln
- 1 Fenchelknolle
- 1 grüne Paprika
- 1 große Möhre
- 4 feste Tomaten
- 200 g Essiggurken
- 2 hartgekochte Eier
- 150 g Maiskörner (aus der Dose)
- 50 g schwarze Oliven
- 3 TL Kapern

Marinade
- 6 EL Essig
- 2 EL mittelscharfer Senf
- Salz
- frisch gemahlener weißer Pfeffer
- 8 EL Öl
- etwas Gartenkresse zum Garnieren

Die Nudeln nach Packungsanleitung kochen, kalt spülen und mit 2 Eßlöffel Öl vermischen.

Die Wurst in dünne Scheiben, den Käse in Würfel schneiden. Das Gemüse waschen, putzen und in kleine Stücke zerteilen.

Alle Zutaten miteinander mischen und in eine große Schüssel füllen.

Die Marinade anrühren, über den Salat gießen und 1 Stunde durchziehen lassen.

Zum Servieren mit etwas Gartenkresse bestreuen.

Nährwerte pro Portion
Kilokalorien 760, Kilojoule 3200, Eiweiß/g 32, Kohlenhydrate/g 40, Fett/g 49, Ballaststoffe/g 5,1

Tip

50 g feingeriebene Mandeln unter die Joghurtcreme mischen. Als Vorspeise mit Pitabrot und schwarzen Oliven oder zu gebratenem oder gegrilltem Fleisch reichen.

Tsatsiki

einfach, Blitzrezept
4 Portionen

- 1 Salatgurke
- Salz
- 4 große Knoblauchzehen
- 250 g griechischer Joghurt
- 1 EL Weinessig
- 4 EL Olivenöl

Die Gurke schälen und auf der Haushaltsreibe raspeln. In ein Sieb geben, mit Salz bestreuen und 10 Minuten ziehen lassen. Die Knoblauchzehen abziehen und fein hacken. Den Joghurt mit dem Essig und dem Olivenöl glatt verrühren. Die ausgedrückte Gurke und den Knoblauch untermischen.

Nährwerte pro Portion
Kilokalorien 210, Kilojoule 900, Eiweiß/g 3, Kohlenhydrate/g 4, Fett/g 20, Ballaststoffe/g 1

Griechischer Bauernsalat

einfach, braucht Zeit
4 Portionen

- 1 kleine oder 1/2 Salatgurke
- 4 reife Strauchtomaten
- 1 grüne und 1 gelbe Paprikaschote
- 1 große Gemüsezwiebel
- 16 schwarze Oliven
- 200 g griechischer Schafskäse am Stück

Marinade
- 1 TL Salz
- frisch gemahlener schwarzer Pfeffer
- 2 Knoblauchzehen
- 4 EL milder Weinessig
- Saft von 1/2 Zitrone
- 8 EL natives Olivenöl

Die Salatgurke waschen, der Länge nach vierteln und die Kerne mit einem Löffel herauskratzen. Die Stangen quer in mundgerechte Stücke schneiden.

Die Tomaten waschen, in 6–8 Spalten schneiden und je nach Größe noch einmal quer halbieren. Dabei die Stielansätze entfernen.

Die Paprikaschoten waschen, halbieren, Stiel und Kerne entfernen und die Schoten erst in Streifen, dann in Würfel schneiden.

Die Gemüsezwiebel abziehen, der Länge nach halbieren und jede Hälfte quer in dünne Scheiben schneiden. Die Scheiben zu halben Ringen auseinanderziehen.

Die Salatzutaten mit den schwarzen Oliven mischen. Den Schafskäse in Würfel schneiden oder mit einer Gabel mundgerecht zerbröckeln.

Für die Marinade Salz und Pfeffer mit den durchgepreßten Knoblauchzehen, Essig und Zitronensaft verrühren. Das Olivenöl nach und nach unterschlagen und die Marinade über den Salat gießen. Einmal gründlich durchmischen, dann den Schafskäse unterheben.

Den griechischen Bauernsalat vor dem Servieren etwas ruhen lassen und noch einmal durchmischen.

Nährwerte pro Portion
Kilokalorien 420, Kilojoule 1770, Eiweiß/g 11, Kohlenhydrate/g 7, Fett/g 38, Ballaststoffe/g 4,1

Salat von grünen Bohnen

einfach, braucht Zeit
4 Portionen

- 500 g frische grüne Bohnen
- Salz
- 1 große Zwiebel
- 1–2 Knoblauchzehen
- frisch gemahlener schwarzer Pfeffer
- 3 EL Sherry-Essig
- 5 EL Olivenöl
- 4 mittelgroße Strauchtomaten
- 100 g grüne und 100 g schwarze Oliven
- 2 Bund glatte Petersilie
- 150 g roher Schinken am Stück

Die Bohnen waschen, putzen und je nach Größe halbieren oder dritteln. Das Gemüse in einem Topf knapp mit Salzwasser bedecken und etwa 10 Minuten köcheln lassen, die Bohnen sollen gar, aber noch bißfest sein. Die Bohnen gut abtropfen lassen und in eine weite Servierschüssel legen.

Inzwischen die Zwiebel und die Knoblauchzehen abziehen und fein hacken. Frisch gemahlenen Pfeffer mit einer Messerspitze Salz, Essig und Öl zu einer sämigen Marinade schlagen.

Zwiebel, Knoblauch und die Marinade über die noch warmen Bohnen verteilen.

Die Tomaten waschen, den Stielansatz ausschneiden und die Früchte in 6–8 Spalten teilen. Leicht salzen und pfeffern und zu den Bohnen legen. Die entsteinten Oliven halbieren oder vierteln und zum Salat geben.

Die Petersilie waschen, trockenschütteln und die Blätter hacken. Den Schinken in kleine Würfel schneiden.

Alle Zutaten unter die Bohnen heben und den Salat mindestens 1 Stunde zugedeckt ziehen lassen. Vor dem Servieren noch einmal abschmecken.

Nährwerte pro Portion
Kilokalorien 440, Kilojoule 1845, Eiweiß/g 12, Kohlenhydrate/g 9, Fett/g 37, Ballaststoffe/g 9

Bohnensalat mit Knoblauch

Bohnen über Nacht oder mehrere Stunden einweichen

einfach, braucht Zeit
4 Portionen

- 400 g dicke weiße Bohnen
- Salz
- 4 Knoblauchzehen
- 4 nicht zu scharfe rote Chilischoten
- 4 Frühlingszwiebeln
- 1/2 Bund Koriandergrün (ersatzweise glatte Petersilie)
- 4 EL Essig
- 8 EL Olivenöl
- frisch gemahlener schwarzer Pfeffer

Die Bohnen über Nacht oder mehrere Stunden mit Wasser bedeckt quellen lassen und dann mit dem Einweichwasser zum Kochen bringen. Die Bohnen ca. 1 Stunde köcheln lassen und erst salzen, wenn sie weich werden.

Inzwischen die Knoblauchzehen abziehen und der Länge nach in Stifte schneiden. Die Chilischoten putzen, aufschlitzen, entkernen und grob hacken. Die Frühlingszwiebeln abziehen, putzen, waschen und in feine Ringe schneiden. Den Koriander waschen, trockenschütteln und die Blätter grob hacken.

Aus Essig und Olivenöl eine Marinade rühren und die gegarten Bohnen noch warm darin wenden. Die Bohnen mit Salz abschmecken, kräftig mit Pfeffer würzen und mit Knoblauch und Chilischoten vermengen. Erst wenn der Bohnensalat abgekühlt ist, die Frühlingszwiebeln und das Koriander-grün zugeben.

Den Salat vor dem Servieren möglichst 1 Stunde zugedeckt ziehen lassen.

Nährwerte pro Portion
Kilokalorien 500, Kilojoule 2100, Eiweiß/g 22, Kohlenhydrate/g 43, Fett/g 26, Ballaststoffe/g 18

Mozzarella mit Tomate

einfach, Blitzrezept
4 Portionen

- 2 Mozzarella-Käse
- 4 große Strauchtomaten oder 6 Eiertomaten
- 2 EL Balsamico-Essig
- 2 EL Olivenöl
- Salz
- frisch gemahlener schwarzer Pfeffer
- 4 Zweige Basilikum

Grissini mit Schinken
- 16 dicke oder 32 dünne Grissini
- 8 Scheiben Parmaschinken

Den Mozzarella gut abtropfen lassen und in Scheiben schneiden. Die Tomaten waschen, trocknen und in nicht zu dünne Scheiben schneiden, dabei den Stielansatz entfernen. Käse- und Tomatenscheiben abwechselnd auf einer Platte auslegen und mit Essig und Öl beträufeln. Die Tomatenscheiben salzen, über das ganze Gericht reichlich Pfeffer mahlen und die Basilikumblätter grob gezupft darüber verteilen.

Mozzarella mit Tomate als Vorspeise reichen. Dazu paßt Weißbrot oder Grissini mit Schinken umwickelt: Die Schinkenscheiben der Länge nach halbieren und je einen Schinkenstreifen um einen dicken oder zwei dünne Grissini wickeln.

Nährwerte pro Portion
Kilokalorien 470, Kilojoule 1960, Eiweiß/g 21, Kohlenhydrate/g 26, Fett/g 29, Ballaststoffe/g 7,6

Indischer Reissalat

einfach, braucht Zeit
4 Portionen

- 200 g Langkornreis
- Salz
- 2 TL Curry
- 4 EL Öl
- 2 EL Sojasauce
- Cayennepfeffer
- Muskatnuß
- gestoßener Koriander
- Ingwerpulver
- 1 kleine grüne Paprikaschote
- 1 kleine rote Paprikaschote
- 2 EL Sultaninen
- 1 kleine Dose Mandarin-Orangen
- 1 gebratenes Hühnerbrustfilet
- 100 g gekochte Garnelen
- 1/2 Bund Koriandergrün, ersatzweise Petersilie
- 50 g Pinienkerne
- 1 EL Butter

Den Reis unter fließendem, kalten Wasser in einem Sieb waschen.

1/2 Liter Wasser mit etwas Salz in einem Topf zum Kochen bringen. Den Reis hineingeben und zugedeckt bei mittlerer Hitze 20 Minuten quellen lassen.

Den Reis in ein Sieb abschütten, mit kaltem Wasser abschrecken und gut abtropfen lassen. Inzwischen den Curry in 1 Eßlöffel Öl kurz anschwitzen. Dann mit der Sojasauce und je 1 Messerspitze Cayennepfeffer, geriebener Muskatnuß, Koriander und Ingwer verrühren. Das restliche Öl zufügen. Die Marinade über den Reis gießen, gut vermischen und 30 Minuten zugedeckt ziehen lassen.

Die Paprikaschoten waschen, halbieren und entkernen. Schoten in kleine Würfel schneiden.

Die Rosinen in etwas heißem Wasser 5 Minuten quellen lassen. Abgießen, kalt abspülen und abtropfen lassen.

Die Mandarinenschnitze abtropfen lassen. Die Hühnerbrust fein würfeln. Die Garnelen in ein Sieb schütten, abbrausen und abtropfen lassen.

Den Koriander waschen, trockenschütteln und die Blättchen von den Stengeln zupfen. Alle Zutaten einschließlich dem Koriander unter den Reissalat mischen. Den Salat nach Belieben mit Salz, Curry oder Cayennepfeffer nachwürzen.

Die Pinienkerne in der Butter in einer Pfanne goldbraun rösten und über den Reissalat geben.

Nährwerte pro Portion
Kilokalorien 550, Kilojoule 2300, Eiweiß/g 21, Kohlenhydrate/g 57, Fett/g 23, Ballaststoffe/g 2,9

Couscous-Salat

einfach, braucht Zeit
4 Portionen

- 300 g Couscous
- Salz
- 2 EL Butter
- 10 Frühlingszwiebeln
- 6 reife Strauchtomaten
- 2 Bund glatte Petersilie
- 1 Bund frische Minze

Marinade
- 1 TL Salz
- 1/2 TL frisch gemahlener schwarzer Pfeffer
- 6 EL Zitronensaft
- 6 EL Olivenöl
- frische Minzeblätter zum Garnieren

Den Couscous nach Packungsanleitung zubereiten: Meistens wird er mit warmem Salzwasser leicht befeuchtet, damit er vorquillt, und dann zweimal gedämpft. Da die Grießkörner beim Ausquellen aneinanderkleben, muß der Couscous jedenfalls mit etwas Butter vermischt und aufgelockert werden.

Den fertigen Couscous abkühlen lassen und inzwischen die anderen Zutaten vorbereiten: 6 Frühlingszwiebeln abziehen, putzen, hacken und blanchieren. Die Tomaten blanchieren, häuten, halbieren, entkernen und das Fruchtfleisch fein würfeln. Die Petersilie und die Hälfte der Minze waschen, trockenschütteln und die Blätter fein hacken. Alle Zutaten mit dem Couscous vermischen.

Für die Marinade Salz, Pfeffer und Zitronensaft mit dem Olivenöl aufschlagen, über den Couscous gießen, vorsichtig durchmischen und das Gericht im Kühlschrank 30 Minuten ziehen lassen.

Die restlichen Frühlingszwiebeln putzen und den Wurzelansatz abschneiden. Die Zwiebeln sollen mit Grün etwa 6 cm lang sein. Vom weißen Ende her 2–3mal über Kreuz einschneiden und in eiskaltes Wasser legen. So öffnen sie sich zu einer Blütenform.

Zum Servieren den Couscous-Salat mit den restlichen Minzeblättchen und den Zwiebelblüten garnieren.

Der Couscous-Salat ist im Sommer ein angenehmes Gericht. Er paßt zu gegrilltem Fisch und Geflügel und in ein kaltes Büfett.

Nährwerte pro Portion
Kilokalorien 520, Kilojoule 2180, Eiweiß/g 8, Kohlenhydrate/g 60, Fett/g 25, Ballaststoffe/g 5,4

Rezeptverzeichnis